ROMPIENDO EL MOLDE
LA HISTORIA DE
BONO

KIM WASHBURN

Vida

La misión de Editorial Vida es ser la compañía líder en comunicación cristiana que satisfaga las necesidades de las personas, con recursos cuyo contenido glorifique al Señor Jesucristo y promueva principios bíblicos.

ROMPIENDO EL MOLDE
Edición en español publicada por
Editorial Vida – 2011
Miami, Florida

Originally published in the U.S.A. under the title:
    Breaking Through by Grace
    Copyright© 2010 by Kim Washburn
Published by permission for Zondervan, Grand Rapids, Michigan 49530

Traducción: *María José Hofft*
Edición: *María Gallardo*
Diseño interior y de cubierta: *Juan Shimabukuro Design*

ISBN: 978-0-8297-5535-0

CATEGORÍA: JUVENIL NO FICCIÓN/Biografía y autobiografía

IMPRESO EN ESTADOS UNIDOS DE AMÉRICA
PRINTED IN THE UNITED STATES OF AMERICA

11 12 13 ❖ 6 5 4 3 2 1

PARA EL INDISPENSABLE K.K. Y
PARA ANDREW, MI COLABORADOR
MÁS ESENCIAL.

CONTENIDO

01. CUANDO EL AMOR INUNDA UN ESTADIO 07

02. STEINVIC VON HUYSEMAN ROMPE EN LÁGRIMAS 15

03. LA BATERIA SALVA AL CHICO 23

04. LA PUERTA TRASERA HACIA EL CIELO 35

05. EN LIMUSINA AL CIRCO 43

06. RECUERDOS TATUADOS EN EL CORAZÓN 55

07. INSPIRACIÓN FRESCA 67

08. LO QUE ESTE GRUPO NECESITA ES UNA ESTRELLA DE ROCK 83

09. 'ROCANROLEA' MOSTRANDO QUE LO SIENTES 95

CAPÍTULO 01
CUANDO EL AMOR INUNDA UN ESTADIO

EL CLAMOR DEL ESTADIO

No importa quién gane o pierda este partido de fútbol, la multitud va a llorar de todos modos.

Han pasado cinco meses desde el 11 de septiembre de 2001, fecha en que un ataque terrorista sobre los Estados Unidos se cobró miles de vidas al secuestrar cuatro aviones y hacerlos colisionar contra diversos edificios.

Estados Unidos todavía está luchando por levantarse. Ahora una banda de rock de Irlanda está por ayudar al país a ponerse de pie.

Esta banda de rock, llamada U2, ha estado inspirando a auditorios en todo el mundo por más de veinte años. Y esta noche, 3 de febrero de 2002, han armado un escenario con forma de corazón en el mejor lugar que Estados Unidos tenía para ofrecer: el intermedio del Súper Bowl.

En la oscuridad del estadio la energía surge desde el público como un rayo eléctrico. La poderosa canción de U2 «Beautiful Day» [Hermoso día] corre a lo largo del estadio y se desvanece en el aire. Setenta mil voces están gritando su apoyo.

Entonces, inesperadamente, una pantalla tan grande como el escenario y tan alta como el estadio mismo se levanta por detrás de la banda. Las brillantes letras blancas que dicen: «11 de septiembre de 2001» comienzan a elevarse hacia el cielo, seguidas por los nombres de cada uno de los fallecidos en los ataques terroristas de ese día.

Mas tarde Bono, el cantante de la banda, reconoció: «No pude mirar los nombres. Si los hubiera mirado, no hubiera podido cantar». Entonces mira a la multitud, su voz ardiendo con la emoción de la noche, mientras canta una inolvidable canción de cuna:

«Duerme. Duerme esta noche. Y que tus sueños se hagan realidad...»

Después de eso, una cascada de notas musicales de la guitarra eléctrica señala el comienzo de una nueva canción. La batería y el bajo se le unen para marcar el ritmo.

Entre el estruendo del sistema de sonido y la ovación de la multitud, Bono, la mayor estrella de rock de todos los tiempos, recita una oración del Salmo 51: «Abre, Señor, mis labios, y mi boca proclamará tu alabanza».

A medida que la lista de nombres desfila en sentido ascendente, Bono clama: «¡Américaaaa!» Los gritos explotan en el estadio y Bono corre por todo ese escenario en forma de corazón que parece abrazar a la multitud. Y entonces toma el micrófono y canta el himno de esperanza y amor «Where the Streets Have No Name» [Donde las calles no tienen nombre].

La banda podría haber tocado toda la noche y aun así esa canción hubiera quedado corta. Cuando la pantalla baja hasta el suelo, Bono hace la señal de un corazón con sus dos manos sobre el pecho. Luego el cantante abre su chaqueta y muestra que la tela del forro es una bandera norteamericana. La música se rinde ante los alaridos de una multitud frenética. Las lágrimas ruedan por las mejillas de todos los que están en el estadio.

Bono le acaba de cantar una canción de amor a los corazones heridos de los norteamericanos.

LA QUIETUD DEL SALÓN TRASERO

Dos días antes del Súper Bowl, muy lejos de los grandes escenarios y las multitudes ruidosas, Bono había estado componiendo una canción de amor de una clase diferente.

Bono tocando en el espectáculo de medio tiempo del Súper Bowl XXXVI en Nueva Orleans, Louisiana, el 3 de febrero de 2002.
[Jeff Haynes / AFP / Getty Images]

Siendo la medianoche en Nueva York, entró en un restaurante y se dirigió hacia el salón trasero. Un variado grupo de empresarios, estrategas, planificadores financieros, líderes eclesiásticos y donantes generosos se encontraban reunidos en distintas mesas. Juntos querían proponer maneras prácticas y serias de poner fin a la pobreza extrema. Esa clase de pobreza extrema en la cual la persona no puede pagar por comida, agua, ropa, ni cuidados sanitarios. En la actualidad hay casi mil quinientos millones de personas que viven en esas condiciones; muchos de ellos en el sur de Asia y en África. Acabar con la pobreza extrema en el mundo requeriría un montón de ideas nuevas, dinero, compromiso y oración. Ese era el motivo por el cual este grupo estaba reunido: querían cambiar el mundo.

Bono no había llegado hasta allí para hacer música. Estaba en ese lugar para marcar una diferencia.

«Cuando cantas», explicó Bono, «haces que la gente se abra, para cambiar sus vidas por dentro. Tú mismo te abres al cambio en tu vida. Pero al final, tienes que *convertirte* en el cambio que deseas ver en el mundo. En realidad yo no soy un muy buen ejemplo de eso —soy muy egoísta, y el derecho a ser ridículo es algo que valoro mucho— pero aun así, sé que eso es cierto.»[1]

Esa reunión de personas luchando para combatir la pobreza era parte del Foro Económico Mundial, una organización que intenta mejorar las vidas de las personas comunes alrededor de todo el globo. ¡No era precisamente el lugar en el que esperarías encontrar a una estrella de rock! Pero el corazón de Bono se había conmovido por los pobres y desesperados, la gente que Jesús llamó «los más pequeños». Cuando Bono leyó la Biblia, descubrió que había más de dos mil versículos que hablaban sobre la pobreza. Jesús se preocupaba por los pobres, y alcanzó a los que en su tiempo la gente no quería ni tocar. «No podría ser más evidente», expresó Bono, «que esto está en la mente de Dios, que es el punto de vista de Jesús.»[2]

Y así continuó yendo a lugares inesperados a trabajar con la gente menos pensada. Él sigue los dictados de su corazón y usa su poderoso don para la comunicación con políticos y predicadores, presidentes y papas.

Es algo raro que una estrella de rock –especialmente alguien tan conocido como Bono– pase tiempo trabajando para otros. «Yo sé lo absurdo que es tener a una estrella de rock hablando sobre la Organización Mundial de la Salud o el perdón de las deudas o... el sida en África»,[3] afirmó. Pero también sabe que cuando habla, la gente lo escucha.

Esa noche en Nueva York, Bono se unió a un debate serio. Como un equipo, aprenderían de los expertos, tratarían de entender los asuntos y problemas relacionados, y elaborarían soluciones prácticas para cambiar el mundo de la gente en situación de pobreza extrema. El hombre que cantó frente a millones de fanáticos que lo ovacionaban, ahora quería darle su voz a los que no tienen ninguna.

Siendo joven, el corazón de Bono sencillamente lo había llevado a la música. Pero una vez que estuvo en una banda trabajando con amigos para crear música que lo movilizara, el amor entró en el cuarto, se sintió a gusto, y decidió hacer algunos cambios. Ahora el amor lo buscaba a él para mover montañas.

Sin embargo, antes de que el amor estuviera al mando, la ira había tenido su lugar en la vida de Bono.

CAPÍTULO 02
STEINVIC VON HUYSEMAN ROMPE EN LÁGRIMAS

UNA CASA, NO UN HOGAR

Antes de la estrella de rock, antes de la voz, antes de la música, antes del nombre famoso, Bono era Paul David Hewson. Nació el 10 de mayo de 1960, siendo el segundo hijo de Bob e Iris Hewson.

En ese tiempo Irlanda, su glorioso y amado país, estaba en guerra civil. Católicos y protestantes peleaban debido a sus diferencias. Ellos trazaron líneas de batalla basadas en los puntos de conflicto entres sus respectivas creencias. La violencia continuó por un largo tiempo, y antes que todo acabara ya tres mil personas habían muerto. A este tiempo en la historia de Irlanda se le llamó «Los problemas».

Como los dos bandos sospechaban uno del otro, vivían en vecindarios separados y sus hijos asistían a colegios separados en partes de la ciudad separadas.

Irlanda era un hervidero. «Crecí en lo que podría llamarse un barrio de gente de clase media-baja», contó Bono. «Era una calle bonita con buena gente. Aunque aun así, para ser sincero, había una sensación de que la violencia estaba a la vuelta de la esquina.»[4]

Hasta el día de hoy, Bono se entristece de que la religión haya sido la causa de tanto dolor y violencia. «Hemos visto cómo las diferencias religiosas han rasgado nuestro país en dos. Te aferras a la religión... reglas, regulaciones y tradiciones. Creo que lo que a Dios le interesa son los corazones de las personas.»[5]

Los padres de Bono, Iris y Bob, se enamoraron y se casaron bajo circunstancias poco usuales, dado que Bob era católico e Iris protestante. El amor de cada uno por el otro importaba más que la forma en que practicaban su fe, y ellos no tomaban parte en «Los problemas» que estaban dividiendo a Irlanda. Incluso a una temprana edad, Bono entendió que la ausencia de una postura extremista en su familia respecto de la guerra religiosa los hacía ser diferentes al resto de su vecindario.

Bono asistía a una escuela primaria protestante llamada The Ink Bottle [El frasco de tinta]. Alguna que otra vez, cuando el director miraba para otro lado, Bono y los otros alumnos pateaban la pelota más allá del vallado que corría a lo largo del río, y salían a buscarla. «Tengo muy buenos recuerdos de esa escuela»,[6] dijo Bono una vez, soltando una risa.

Pero la siguiente escuela a la que Bono asistió, St. Patrick's Cathedral Choir School, no le inspiró a Bono tanto cariño. «Pasé un año en St. Patrick's; no fui feliz allí y prácticamente me pidieron que me fuera»,[7] admitió.

En 1972 se cambió a otra escuela. Estaba situada a dos paradas de bus del centro de la ciudad de Dublín. La Mount Temple Comprehensive School era la primera escuela secundaria mixta no confesional. Un secundario que no segregaba entre católicos y protestantes era una idea muy novedosa en una sociedad tan arraigada en el conflicto religioso. Sin embargo, Bono había crecido en un hogar no confesional, de modo que se adaptó muy pronto.

Bono era seguro de sí mismo, gozaba de popularidad, hacía travesuras y era muy divertido. Pero más que nada, se sentía atraído por la música. «Siempre he oído como melodías en mi cabeza», dice Bono recordando esos días lejanos. «Recuerdo estar parado debajo de un piano en la casa de mi abuela, cuando las teclas del piano eran más altas que mi cabeza. Me acuerdo que apretaba las teclas, y luego escuchaba una nota y... buscaba otra nota que la siguiera».[8]

Como si fueran un acertijo que debe ser resuelto o una historia que debe ser contada, las melodías que había en la cabeza de Bono necesitaban ser cantadas. Bono escuchaba una nota y quería –*tenía que*– encontrar la siguiente en la secuencia. Ya sea que hubiera heredado un gen musical de su padre amante de la ópera, o que lo hubiera recibido como un don de Dios, lo cierto es que Bono tenía un corazón para la música y una mente para la melodía.

En 1974, el mundo de los Hewson se derrumbó repentinamente. En el funeral de su propio padre (el abuelo de Bono), Iris, la madre de Bono, sufrió una hemorragia cerebral. Bono tenía tan solo catorce años y su hermano mayor, Norman, veintiuno. La muerte temprana y tan repentina de la madre dejó a una familia afligida abriéndose paso torpe y dolorosamente a través de la oscuridad. «Nuestra madre había partido, la hermosa Iris... Me sentí abandonado, temeroso», reconoció Bono al recordar este tiempo difícil. «Supongo que el temor se convierte en enojo muy rápidamente».[9]

Las habitaciones de la casa se habían llenado de emociones que ninguno de ellos sabía cómo manejar. «Se transformó en una casa de hombres», explicó Bono. «Y tres hombres bastante del tipo "macho", con todo lo que eso trae aparejado. La agresividad es algo sobre lo que todavía estoy trabajando».[10]

A la larga, en la familia de Bono no fueron capaces de apoyarse unos a otros. El poco comunicativo padre trataba de mantener a la familia unida; pero en vez de conectarse, los tres chocaban con frecuencia. Las tías trataban de intervenir, pero el adolescente de catorce años no estaba abierto a ninguna clase de cariño. Su hermano Norman estaba lidiando con su propio dolor. «Los dos reconocíamos que estábamos enojados el uno con el otro simplemente porque no sabíamos cómo procesar el duelo, sabes... Porque nunca se mencionaba el nombre de mi madre.»[11]

El padre de Bono creía que «soñar era desilusionarse». Eso iba en contra de lo que Bono en su corazón sabía que era cierto.[12] Él sabía que tenía que perseguir sus sueños a pesar de las circunstancias adversas en las que estaba creciendo. Y ha pasado su vida entera yendo tras grandes ideas y grandes sueños.

PERTENECER AL PUEBLO

Aunque el enojo y el conflicto se habían apoderado de las relaciones de Bono con su familia, sus conexiones con sus amigos eran simples y seguras. Él salía con un grupo de chicos que se hacían llamar «Lypton Village» [Pueblo Lypton].

Eran una banda de soñadores creativos. Confiando el uno en el otro encontraban paz, armonía y una vía de escape.

Gracias a sus amigos, Bono se volvió más y más consciente de su dependencia de otras personas. Al principio veía esta dependencia como una debilidad, pero al final entendió una verdad importante. «La bendición de tu debilidad es que te obliga a hacer amistades. Las cosas que no tienes son las que buscas en otros.»[13]

Esos amigos de Lypton Village tenían un ritual especial: se ponían sobrenombres particulares. Esos nuevos nombres, o *nicks*, eran los que fortalecían la amistad. Bono tenía unos cuantos *nicks*. Primero sus amigos lo llamaron «Steinvic von Huyseman». Al poco tiempo le cambiaron el nombre y le pusieron «Bon Murray». Este nombre mutó en «Bono Vox de la calle O'Connell», el cual luego abreviaron en «Bono Vox» y finalmente recortaron hasta dejar simplemente en «Bono». «La única persona que me llamaba Paul era mi padre, así que siempre asocié ese nombre con haber hecho algo malo»,[14] diría Bono más tarde. El nombre abreviado permaneció a través del tiempo, como también lo siguieron llamando sus amigos.

Los miembros del grupo Lypton Village –Bono, Gavin Friday y Guggi– se convirtieron en amigos de toda la vida. Ellos estaban ligados por una historia compartida y por el sentido del humor. Inspirados, imaginativos y muchas veces ridículos, coloreaban el mundo con sus risas. «Hicimos presentaciones en el City Center en Dublín», recuerda Bono. «Yo subía al bus con una escalera y un taladro eléctrico. El humor se convirtió en nuestra arma. Solo me paraba allí, callado, con el taladro en mi mano.»[15]

Bono podía ser tan serio como un profesor, pero su historial de bromas y chistes ridículos era largo y digno. «Una vez mis compañeros llegaron a envolver mi auto en papel higiénico —todo el auto entero— y con docenas y docenas de huevos. Lo convirtieron en papel maché, sellándolo como si fuera un capullo de papel y huevos. Y cuando desperté, ¡estaban arrojándome huevos a mí! ¡El único problema fue que mi padre también se despertó!»[16]

Aunque abundaban las travesuras extravagantes, la amistad demostraba ser seria y cada vez más fuerte.

«Recuerdo que cada vez que era el cumpleaños de Guggi, el cual es tres días después del mío, todo lo que él recibía de su familia –o todo el dinero que él recibía–, lo dividía conmigo, mitad y mitad. Y él me enseñó una lección fundamental, que es la de compartir. Eso es lo que recuerdo de los cumpleaños: recuerdo el cumpleaños de Guggi.»[17]

Inclusive aparte de los amigos de Lypton Village, cuando Bono estaba creciendo pasaba mucho tiempo en la casa de Guggi. El papá de Guggi citaba las Escrituras de una manera que hacía que los chicos se rieran un poco, pero al mismo tiempo le prestaban atención. «Su padre era como una criatura del Antiguo Testamento», recuerda Bono. «Hablaba constantemente de las Escrituras.»[18] La Biblia, con su riqueza idiomática y su sabiduría, comenzó a penetrar en su corazón.

Si Dios estaba susurrando, entonces el corazón de Bono estaba respondiendo. «Oraba más afuera de la iglesia que adentro. Todo se remonta a las canciones que escuchaba: para mí estas eran oraciones. "How many roads must a man walk down?" ["¿Cuántos caminos debe recorrer un hombre?"] Esa no era una pregunta retórica para mí. Se dirigía a Dios. Era una pregunta para la cual yo quería saber la respuesta, y pensaba a quién debía hacérsela... No voy a preguntarle eso a un profesor de la escuela.»[19]

Bono ya había recorrido algunas carreteras hacia Dios, debido a la tragedia y al conflicto, por medio de la dependencia y la creatividad. Pero su viaje recién estaba comenzando.

CAPÍTULO 03
LA BATERÍA SALVA AL CHICO

LA RESPUESTA AL LLAMADO

Antes de que hubiera guitarras y batería en la vida de la estrella de rock, Bono tenía solamente susurros de melodías en su cabeza. Tal vez podía tocar unas pocas notas en un piano o rasgar las cuerdas de la guitarra de su hermano. Hasta quizás podía unir un verso expresivo con una melodía. Pero muy a menudo Bono quería decir algo y no tenía la manera de expresarlo.

Entonces, en el otoño de 1976, un baterista de catorce años llamado Larry Mullen publicó un anuncio en la cartelera de la Mount Temple Comprehensive School. Larry quería formar una banda.

«Tienes que ir», le dijo uno de sus amigos a Bono. Cargó a Bono en su motocicleta y juntos fueron a toda velocidad al número 60 de la avenida Rosemount. Una vez allí, Bono saludó a Larry lo siguió hasta adentro del «estudio»: la cocina.

«Larry estaba en esa pequeña cocina, y tenía armada su batería», recuerda Bono. «Y allí había algunos otros chicos. Estaba Dave Evans —un muchacho con apariencia de muy listo— que tenía quince años. Y su hermano Dik —con apariencia de aun más listo— que había armado su propia guitarra.»[20]

Se juntaron con otro adolescente llamado Adam Clayton quien, según Bono, «era el mayor y parecía más profesional. Él llegó con su bajo y su amplificador, y lucía increíble.»[21]

Cuando Bono captó la escena, la emoción corrió por su cuerpo como electricidad por un cable. «Larry comienza a tocar la batería. Apenas toca el platillo y ya sale un sonido increíble. Dave toca un acorde en su guitarra que yo nunca había escuchado en una guitarra eléctrica.»[22]

Ese fue el llamado que el corazón y la mente de Bono habían estado esperando aun sin saberlo. Crear melodías, trabajar con sus amigos en canciones que siempre lo habían conmovido, para comunicar a través de la música; para Bono esto era «el camino abierto». Sus sueños se hicieron más grandes aun.

Su primer ensayo causó una impresión tanto en la gente del vecindario como en Bono. «Comienzan a venir adolescentes de todas partes... puras chicas», recuerda Bono. «Saben que Larry vive allí. Ellas están... gritando, están... trepándose a la puerta. Larry estaba completamente acostumbrado a esto, descubrimos»,[23] se ríe.

En el mundo de la música rock, este entusiasmo de parte de los fans es una buena señal. Podría ser que la banda tuviera futuro.

La experiencia de hacer música era divertida, excitante y novedosa. Pero para Bono significaba algo más que eso. «Lo interesante es que en los meses anteriores a esto, yo probablemente me encontraba en el punto más bajo de mi vida. Estaba sintiendo angustia adolescente. No sabía si quería seguir viviendo... esa clase de desesperación. Estaba orando a un Dios que no sabía si escuchaba.»[24]

COLABORACIÓN INSPIRADA

Después de algunas semanas de ensayo, los miembros de la banda, Bono, Larry, Adam y los hermanos Dave y Dik, decidieron que se llamarían «Feedback». Este nombre surgió en parte a raíz del sonido chillón que salía del amplificador cuando ellos tocaban. Al principio, Feedback solo tocaba temas que ya eran conocidos de la radio o de los discos. Al menos sabían como se *suponía* que debían sonar esos temas. ¡Lástima que las versiones que Feedback tocaba no sonaban muy parecidas!

En este punto la banda tenía muchos más deseos que habilidad.

Además, Adam había estado guardando un secreto: «Él tenía toda la labia de un músico. Tenía onda en su aspecto y en su forma de actuar. ¡Pero en ese tiempo no nos habíamos dado cuenta que no podía tocar ni una nota!», se ríe Bono. «Y tan grande era su engaño que buscábamos por todas partes qué era lo que sonaba tan mal. ¡Y era él!»[25]

Pero con la práctica y la experiencia, la técnica y la habilidad de cada uno para tocar su instrumento se hicieron gradualmente más fuertes. También ayudó el hecho de que la banda finalmente descartó la idea de seguir tocando música de otros. Descubrieron que era más fácil tocar sus *propios* temas. Al final, Bono encontró el lugar perfecto para sus melodías.

«Si te levantas a la mañana con una melodía en la cabeza, como me sucede a mí, el asunto es cómo la sacas de tu cabeza y la pones en música. Si no hubiera tenido cerca a Edge, que es un músico extraordinariamente habilidoso y complejo, hubiera estado perdido. Si no hubieran estado Larry y Adam, esas melodías no habrían llegado a nada.»[26]

A medida que la banda hallaba su onda, también su amistad se afianzaba. «Diría que Larry y yo éramos amigos íntimos», expresó Bono. Cuando la banda estaba en un tour, generalmente compartían la habitación. Ellos pensaban que eran una extraña pareja. Larry era siempre muy limpio y ordenado. Hasta se llevaba su bolsa de dormir a los hoteles porque le preocupaba dormir sobre sábanas sucias. Pero Bono era todo lo contrario: no le importaba si había pantalones tirados en el suelo o sábanas sucias en la cama.[27]

Pareja despareja o no, Larry y Bono tenían una amistad que surgió de la tragedia y la lealtad. Ambos habían perdido a sus madres mientras todavía eran adolescentes. Bono tenía tan solo catorce años cuando su madre se murió, y Larry tenía dieciséis. Después de la pérdida de sus madres, los chicos fueron criados por padres muy estrictos.[28] Esta experiencia compartida ayudó al introvertido de Bono y al reservado de Larry a unirse como compañeros de banda y como amigos.

Pero Larry no fue el único amigo que Bono hizo en Feedback. También se hizo muy cercano a Dave Adams, que tocaba la guitarra eléctrica. En poco tiempo Bono le había puesto a Dave el *nick* «The Edge». No solo los dos jóvenes compartían su amor por los nombres cortos, sino que también tenían un sentido del humor parecido. A diferencia de algunas otras bandas, la peculiar vida de circo sobre el escenario les ayudaba a unirse más en lugar de separarlos.

En menos de treinta días luego de haberse subido a la parte trasera de una motocicleta para hacer música en una cocina, Bono dio otro paso, tan valiente como el unirse a una banda. Le pidió de salir a una chica que había conocido en la escuela: Alison Stewart (o Ali, abreviado). «Ese fue un buen mes. Conocí a la mujer más extraordinaria y no podía dejarla ir. En el centro de mi relación con ella hay una gran amistad.»[29]

Seis años más tarde, el 21 de agosto de 1982, Bono y Ali se casaron en Dublín.

La música –su poder, sus posibilidades, sus mensajes y melodías– generó risas y amistades, grandes ideas y enormes sueños. «Esa… es la clave para todas las puertas importantes en mi vida», explicó Bono, «ya sea en la banda o en mi matrimonio, o hasta en la comunidad en la que sigo viviendo. Es casi como que los dos sacramentos principales son la música y la amistad.»[30]

LA PUERTA ABIERTA

Cuando Bono era jovencito y todavía estaba en la escuela, ga-

Bono y su esposa, Ali Hewson, en el backstage del Festival de San Bernardino.
[Ebet Roberts/Redferns/Getty Images]

naba algo de dinero extra trabajando en una estación de gasolina. Cuando cargaba combustible, sus pensamientos volaban hacia la banda y sus ensayos. Esas prácticas significaban todo para Bono. El sonar de un platillo o el *riff* de una guitarra lo conmovían en maneras que casi no podía expresar.[31]

¿Pero qué tan lejos pueden llevar a una banda de adolescentes la pasión y el entusiasmo?

«Nuestros talentos no eran en realidad los que necesitas para esta carrera en particular, pero resultó ser que poseíamos otros talentos que tal vez eran más importantes», admitió. Había algo original en la visión particular del grupo, aun si nunca la llegaban a expresar muy bien. Y eran implacables.[32]

Aunque el grupo no tenía mucha experiencia ni una técnica musical demasiado buena, los miembros de la banda podían adquirir ambas cosas. Luego de interminables horas de práctica y ensayo, fueron mejorando. Pero algunas cosas en la música no se pueden aprender, comprar, copiar o falsificar. O lo tenían –una cualidad indescriptible con la que la gente se conecta– o no. Según el público, sí lo tenían.

«Salían chispas cuando tocábamos en alguna sala», dijo Bono con sinceridad. «Hay una especie de magia. Recuerdo bandas que eran mucho mejores que nosotros en ese tiempo. Técnicamente eran mejores. Teníamos una expresión al respecto. Solíamos decir "tienen todo menos *eso*". Nosotros no teníamos nada, pero sí teníamos *eso*.»[33]

Generalmente Feedback tocaba en el gimnasio de su escuela. Pero en 1978 tuvieron la oportunidad de mostrar su diamante en bruto a un auditorio mayor. En el día de San Patricio de ese año ganaron un concurso de talentos en Limerick, Irlanda, y se llevaron quinientas libras (aproximadamente setecientos cincuenta dólares) y libre acceso un estudio de grabación para grabar un demo para CBS de Irlanda. Haber ganado el concurso confirmó lo que Feedback ya sospechaba: tenían «eso».

Tres días después Dik Evans, el hermano de Edge, decidió que era hora de que él se fuera de la banda y continuara con otras actividades. Tocó su último concierto con el grupo y luego Bono, Edge, Larry y Adam decidieron hacer un cambio más. Sin Dik ellos ya no eran más Feedback. La banda precisaba un nombre nuevo.

Después de jugar con diferentes ideas, a un diseñador de tapas de álbumes llamado Steven Averill se le ocurrió el nombre U2*. Los chicos estuvieron de acuerdo. Bono reconoció más tarde que no siempre le gustó ese nombre. ¿Se refería a un submarino, a un avión espía o a un movimiento pacifista? «Simplemente nunca pensé en él como en "tú también"», dijo sonriendo. «De veras nunca lo pensé, pero ese soy yo.»[34]

A pesar de las dudas de Bono, el nombre quedó establecido. Bono, Larry, Adam y Edge serían U2 mientras componían y tocaban cientos de canciones en trece álbumes durante las siguientes tres décadas.

Pero antes de todos los álbumes y conciertos, U2 tenía que seguir el mismo sendero complicado que toda banda debe transitar cuando comienza. Ellos grabaron su primer cinta demo, dieron su primera entrevista en *Hot Press* y tocaron su mayor recital por la espeluznante suma de solo cincuenta libras (algo así como setenta dólares).

Bono pensaba que tenía una manera de ayudar a que la banda fuera conocida fuera de Irlanda, pero primero necesitaba algo más de dinero. ¡Cincuenta libras divididas entre cuatro miembros no los llevaría muy lejos! Bono pidió algo de dinero prestado y viajó a

---

*N. de la T.: El nombre U2, en inglés, tiene una fonética similar a la de la expresión *you too*, que puede traducirse como «tú también».

Londres. Mientras le alcanzó el dinero, visitó varias compañías discográficas y revistas de música en la ciudad, dejándoles las cintas que U2 había grabado.

Por el mismo tiempo, la banda tocaba conciertos extra en Irlanda. Generalmente tocaban en discotecas por las noches temprano, pero decidieron dejar por un tiempo los conciertos de tarde en la noche. En cambio, U2 dio seis conciertos por la tarde en Dublín. Su público creció casi al instante. Los jóvenes fanáticos de la música amaban los conciertos de verano en vivo de U2. Y U2 también adoraba a la gente de su país. Así comenzó un largo romance irlandés.

A finales de 1979 la banda lanzó su primer *single*, «Three». En Irlanda lo vieron ascender en los puestos de los mejores temas. Como seguían escalando posiciones, los invitaron a filmar un concierto para la televisión en el Cork Opera House, la mayor sala de conciertos de Irlanda.

El tour musical de Bono también estaba dando resultados en Londres. De repente Gran Bretaña estaba llamando. Bono, Larry, Adam y Edge pidieron en préstamo tres mil libras a sus familiares y amigos (alrededor de cuatro mil quinientos dólares). Hicieron sus maletas –empacando también la bolsa de dormir de Larry– y cruzaron el mar hasta Inglaterra. Era la primera vez que la banda daba un show fuera de Irlanda, y pasaron dos semanas tocando en discotecas allí.

Sacaban chispas, y el público de U2 estaba comenzando a fanatizarse con ellos, siguiendo a la banda a dondequiera que tocaran. Además, ellos estaban convirtiéndose en músicos muy expertos. La música que hacían se correspondía con su pasión. Aunque la banda todavía ganaba cincuenta libras por cada presentación, Bono se sentía más rico que nunca.

«En donde me siento más yo mismo, en donde siento que la

inspiración está, allí quiero estar. Así que, en mi caso, estando en una banda me siento completamente libre»,[35] dijo Bono.

CAPÍTULO 04

LA PUERTA TRASERA HACIA EL CIELO

CUANDO EL AMOR SE APODERA DE TODO

Las letras, el ritmo y el sonido estridente de la banda aclararon el corazón de Bono, un corazón que había estado lleno de amargura y enojo, y lo abrieron al amor. Lo afianzaron en sus relaciones y canalizaron su energía hacia escribir música y tocarla sobre el escenario. Todas las emociones violentas y las preguntas que se habían acumulado en su corazón no podían salir y expresarse plenamente. «El rock and roll no se trata de tocar las notas correctas. Se trata de un sentimiento dentro de ti que quieres dejar salir»,[36] dijo el cantante.

Las canciones que U2 estaba tocando no eran meras meditaciones sin sentido o reflexiones al azar. Para Bono eran más bien oraciones. Él se encontraba a sí mismo en una música que tratara de entender y describir la relación de la humanidad con Dios, ya fuera ésta una relación de enojo o de alabanza.[37]

La música le ayudaba a procesar su relación con Dios. Mientras exploraba el inagotable amor de Dios, luchaba para amar a los demás y amar al mundo. Bono dudaba de si llamarse cristiano o no. «Me esfuerzo por acercarme a esa palabra», reconoció. «No me siento digno de usar la palabra "cristiano", porque me conozco demasiado. Yo sería... como un hombre que extendió la mano para tocar el borde del manto de Jesús.»[38]

Al comenzar a explorar la sabiduría de las Escrituras, Bono encontró un grupo cristiano en Dublín que también lo alimentó espiritualmente. El grupo se llamaba Shalom, que significa paz. Shalom no tenía lazos con ninguna iglesia en particular. No eran ni católicos ni protestantes. El grupo estaba triste y enfadado por Los Problemas entre las dos iglesias, y estaban buscando algo diferente. Decían que Dios estaba por encima de las divisiones religiosas. Bono, junto con Larry y Edge, encontraron armonía y fuerza en la comunidad de creyentes.

«La gente que tenía dinero lo compartía. Eran apasionados y divertidos, y parecían no tener deseos materiales», recuerda Bono. «Su enseñanza de las Escrituras me recordaba a aquellas personas a quienes había oído cuando era más chico con Guggi.»[39]

Shalom mostraba cómo el amor podía hacer que la gente se abriera. Ellos vivían como una comunidad, dependientes unos de otros en cuanto a las cosas materiales y dependientes de Dios por su gracia.

«En ese tiempo... yo vivía sin ninguna posesión. Éramos parte de una comunidad. Todos nos ayudábamos mutuamente, compartiendo el poco dinero que tuviéramos. Era como una iglesia verdaderamente comprometida a cambiar el mundo, de veras. No en una manera gigantesca, sino en pequeñas cosas: persona por persona.»[40]

Bono vivía de manera simple y estricta. Aprendió más sobre la Biblia y otros escritos cristianos. Y escuchó a un respetado líder de la comunidad Shalom exponer la Biblia y responder algunas de las muchas preguntas de la vida.

Durante varios años Bono fue a escuchar con bastante frecuencia los sermones de este líder. Aprendió mucho acerca de la Palabra de Dios, llegando a entender que las enseñanzas de Jesús eran más que simples palabras. Ellas contenían la mayor Verdad que el mundo jamás haya conocido.[41] Emocionado con las cosas de Dios y emocionado frente al futuro, Bono le dijo al líder que cuando la banda se hiciera más grande podrían ayudar a la comunidad económicamente.

Pero la reacción del líder lo tomó por sorpresa. Solo miró al joven y se rió. Bono se sintió lastimado y confundido, y le preguntó qué era lo malo. «Yo no querría dinero ganado de esa manera», le dijo el líder.

Bono no entendía. «¿Qué quieres decir?», le preguntó.

El líder le explicó que aunque sabía que Bono, Larry y Edge estaban en un grupo de rock, no aprobaba la música que estaban haciendo. Él en realidad no creía que esa música fuera una parte esencial de lo que ellos eran. Dijo que la música solo debía usarse para evangelizar. Mientras hablaba, Bono se dio cuenta que este líder no había comprendido lo que el grupo estaba tratando de hacer. La banda estaba tratando de explorar la relación entre Dios y su pueblo, no de decirle a la gente qué creer y cómo creerlo.[42]

Bono, Edge y Larry sabían que habían llegado a una encrucijada. ¿Estaba en lo correcto el líder de Shalom? ¿Un compromiso con Dios significaba que ellos deberían dejar de hacer rock? ¿Podían ciertas obras acercarlos al cielo? ¿Podía una cresta o un corte de pelo tipo mohicano o el usar aros alejarlos del cielo? Para estos tres creyentes serios, estas preguntas necesitaban ser respondidas antes de que pudieran comprometerse con una banda. O con Dios. O con ambos.

Pero el grupo llegó a una conclusión. «¿De dónde provienen estos dones? Nuestra música es la manera en que adoramos a Dios, aunque no escribamos canciones religiosas, porque no sentimos que Dios necesite publicidad.»[43]

Al final los tres chicos se alejaron del grupo Shalom y de su líder. «Fue difícil dejarlo»,[44] admitió Bono, pero sabía que no podía hacer la clase de música para la cual Dios lo había creado y seguir estando en ese grupo.

Los chicos de la banda no tenían problemas para reconciliar las enseñanzas bíblicas con la música que tocaban y la forma en que vivían. Otra gente sí. Pero U2 no estaba tratando de satisfacer a la gente. Al único que querían agradar era a Dios.

EL AMOR EXPLICADO

Para algunos parece extraño que una estrella de rock pueda amar a Dios, creer en la Biblia y cantar oraciones a auditorios de miles. Pero por causa del increíble amor de Cristo, eso es justamente lo que Bono es. En el 2006, Bono se sentó con un periodista y le explicó exactamente lo que significaba el amor de Dios para él.

«Mi comprensión de las Escrituras», dijo Bono, «se ha hecho fácil por la persona de Cristo. Cristo enseña que Dios es amor... El amor es un niño nacido en un pesebre humilde, la situación más vulnerable de todas, sin honra. Yo no dejo que el mundo religioso se ponga muy complejo. Sólo lo pienso de esta manera: Bueno, creo que sé lo que es Dios. Dios es amor, y yo respondo permitiéndome ser transformado por ese amor y actuando en consecuencia. Esa es mi religión. Donde la cosa se pone complicada para mí, es cuando trato de vivir ese amor. Eso no es tan fácil.

»No hay nada de hippie en la imagen que yo tengo de Cristo —continuó Bono—. Los evangelios pintan el retrato de un amor muy demandante, a veces controvertido, pero amor al fin. Yo tomo al Antiguo Testamento más como una película de acción: sangre, persecuciones de automóviles, evacuaciones de emergencia, un montón de efectos especiales, aguas que se abren, homicidios masivos, adulterios. Los hijos de Dios están fuera de control, descarriados. Tal vez por eso uno puede identificarse tanto. Pero el modo en que lo vemos, aquellos que estamos intentando develar el interrogante cristiano, es que el Dios del Antiguo Testamento es como la transición de un padre severo a un amigo. Cuando eres un niño precisas directivas claras y algunas reglas estrictas. Pero con Cristo tenemos acceso a una relación personal, dado que, en el Antiguo Testamento, era más bien una relación de adoración y asombro, una relación vertical. En el Nuevo Testamento, por el contrario, vemos a un Jesús más familiar, en una relación horizontal. La combinación de estas dos relaciones es la que forma la cruz.

Bono en el Liceo de Londres
[Phillip Grey / Lebrecht Music & Arts / Corbis]

»Es un concepto que te vuela la cabeza –continuó–, que el Dios que creó el universo puede estar buscando compañía, una verdadera relación con la gente. Pero lo que realmente me asombra es la diferencia entre gracia y karma. Ya sabes, en el centro de todas las religiones está la idea del karma; lo que haces vuelve a ti: ojo por ojo, diente por diente, o en términos de leyes físicas, cada acción encuentra una igual o una contraria. Para mí está claro que el karma está en el mismísimo centro del universo. Estoy absolutamente seguro de eso. Y aun así, juntamente viene esta idea llamada gracia, que pone un freno a eso de "lo que siembras, cosechas". La gracia desafía la razón y la lógica. El amor interrumpe las consecuencias de tus acciones, lo que en mi caso es, por cierto, una muy buena noticia, ya que yo he hecho un montón de cosas estúpidas en mi vida. Estaría en grandes problemas si el karma fuera a ser, en última instancia, mi juez. Esto no excusa mis errores, pero yo insisto en la gracia. Me aferro al hecho de que Jesús se llevó mis pecados en la cruz.

»El punto central de la muerte de Cristo es que Él llevó los pecados del mundo para que lo que hicimos no caiga sobre nosotros y para que nuestra naturaleza pecaminosa no coseche la muerte que evidentemente le correspondería. Ese es el punto central. Eso es lo que debería mantenernos humildes. No es nuestra propia bondad la que nos hace cruzar las puertas del cielo.»[45]

Vivir por gracia y descansar en el conocimiento de la muerte de Cristo en la cruz ya lo había salvado a él; ahora Bono estaba listo para ocuparse del mundo.

CAPÍTULO 05

EN LIMUSINA AL CIRCO

ALCANZAR LOS ESTADOS UNIDOS

Los '80 encontraron a U2 corriendo por una carretera, persiguiendo nuevos horizontes, tocando para auditorios más grandes y extendiendo sus límites en lo musical. En marzo de 1980, Island Records, un importante sello discográfico, se unió a los fanáticos seguidores de U2 y firmó un contrato con el grupo.

Cuando se lanzó el primer álbum, *Boy* [Niño], U2 emprendió la marcha. Organizaron cincuenta y seis shows en el Reino Unido y viajaron para presentarse por primera vez en Europa continental. En diciembre llegaron aun más lejos, llevando su show en vivo a los Estados Unidos.

U2 tenía buenas razones para creer que su rock conmovedor atraería a los norteamericanos. Estados Unidos ciertamente le atraía a Bono. Para él, era más que un país: era una filosofía. «Todos los que valoran la libertad, el pensamiento progresista y la innovación tienen interés en los Estados Unidos. Puede que los norteamericanos sean dueños de esa nación, pero no de la idea»,[46] dijo Bono.

Él estaba listo para abrazar a los Estados Unidos. La banda voló a Nueva York para hacer un tour de dos semanas.

La ciudad destellante, el bullicio del tráfico, el parloteo a viva voz en las calles, todo eso agregado al zumbido propio de la urbe... (La emoción de esa visita inspiraría luego el tema «Angel of Harlem» [Ángel de Harlem], que aparecería en su álbum *Rattle and Hum* ocho años más tarde.) Para añadirle excitación a la emoción propia de la gran ciudad, el manager de la banda, Paul McGuiness, organizó una sorpresa: un paseo en limusina hasta el hotel.

«Allí estábamos, sin dinero, ¡y Paul hizo que la compañía discográfica rentara una *limusina*! Nunca antes nos habíamos subido a una, y nunca habíamos estado en Estados Unidos. Todo eso nos volaba la cabeza. Así que nos subimos a ese auto ridículo con luces navideñas alrededor de las ventanillas, y estuvimos allí sentados, riendo y haciendo chistes.»[47]

Cuando finalmente se acomodaron en su hotel, Larry desenrolló su bolsa de dormir y la colocó sobre la cama, y enseguida se quedó dormido. Bono no podía dormirse. Él decidió encender la televisión, y en el primer programa que vio había un tele-evangelista predicando. Ante la parpadeante luz de la pantalla, Bono se sentó y escuchó al predicador.[48] Vio a la gente en la pantalla hablando su idioma, citando la Biblia. Pero aun así algo le sonaba mal. El tele-evangelista sonaba como un robot programado para hablar palabras sin conocer su significado.

Bono era creyente. Él entendía el poder de las Escrituras que el evangelista televisivo estaba citando. Él creía en el poder sanador de la fe. Y las palabras que el predicador estaba pronunciado sonaban muy similares a las palabras que Bono mismo había empleado hablando acerca de Dios y de la Biblia. Pero el muchacho sentía que estaban disminuidas, menospreciadas y mal interpretadas. Mientras observaba, recordaba la historia de Jesús volcando las mesas de los cambistas en el templo de Jerusalén. Bono pensó que el predicador de la televisión era igual a esos cambistas. Él y los demás tele-evangelistas estaban pisoteando lo más precioso de todo: el amor de Dios. En vez de atraer a su audiencia más cerca de la fe, estaba alejando a la gente de Dios.[49]

Esta experiencia hizo enojar a Bono. Estaba preocupado pensando que si usaba el lenguaje cristiano en los Estados Unidos, la gente pensara que él era otro evangelista televisivo. Era un desafío que Bono tendría que enfrentar.

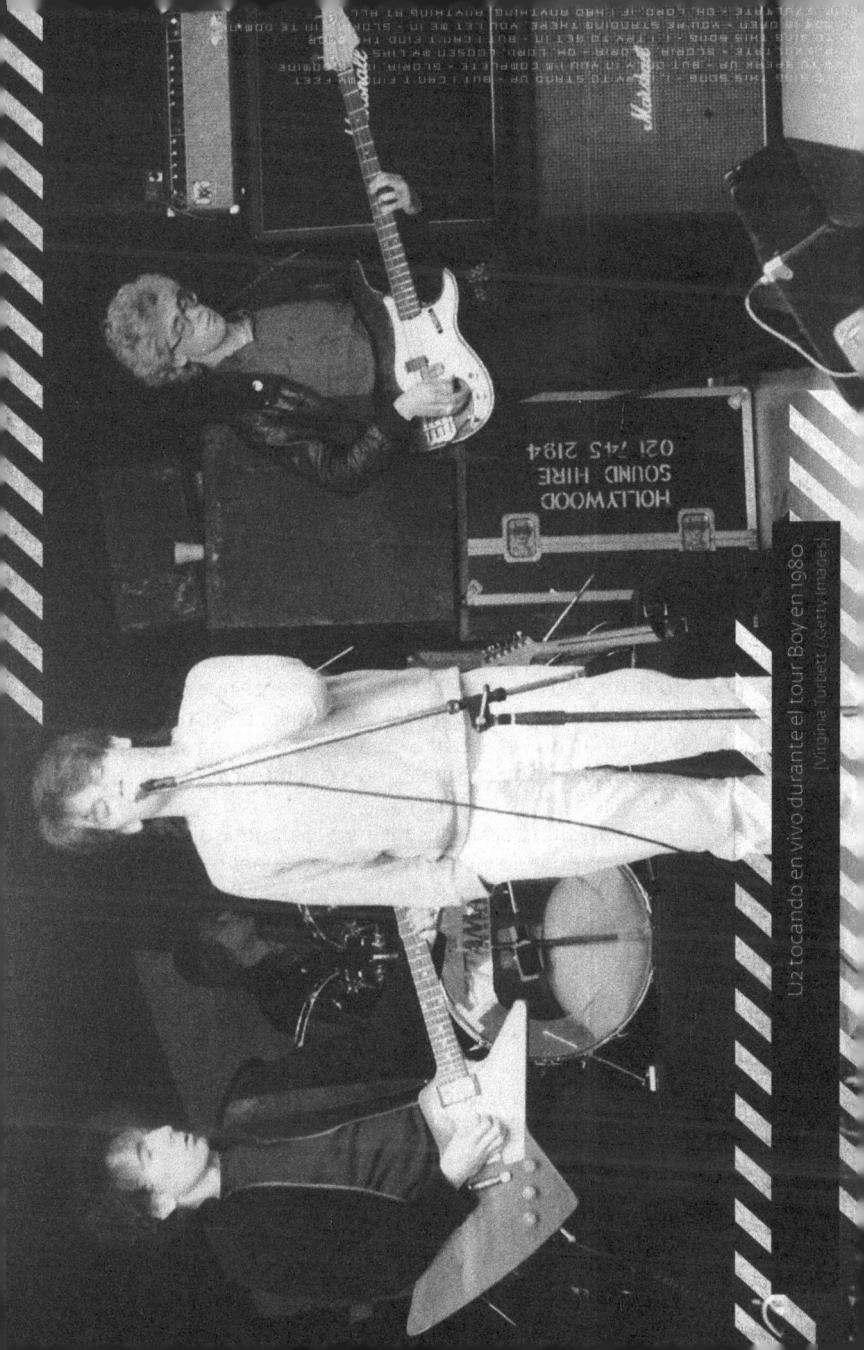

U2 tocando en vivo durante el tour Boy en 1980
(Virginia Turbett / Getty Images)

SUBIENDO EN LAS LISTAS DE POSICIONES

U2 regresó a los Estados Unidos cuando se lanzó su álbum *Boy* en ese país. Sus primeras críticas positivas significaban que el tour podía ser mucho más largo que aquel primero de dos semanas de estadía.

Cada vez que tenía un momento libre –entre los conciertos y entrevistas que llenaban los huecos del tour de sesenta presentaciones–, Bono escribía las letras y componía las melodías para prepararse para el próximo álbum, el cual finalmente se titularía *October* [Octubre]. Ya habían reservado un estudio de grabación para el álbum y la agenda estaba completa. Pero durante un recital de U2 en Portland, Oregon, a Bono le robaron el portafolio con todas las partituras.

La pérdida fue devastadora. No solo que la banda tuvo que empezar todo de cero con material completamente nuevo, sino que todavía restaba pagar la cuenta por el alquiler del estudio de grabación. Tendrían que empezar a grabar como estaba acordado, aunque aun les faltaba escribir de nuevo la música.

«Recuerdo la presión bajo la que hicimos el álbum», dijo Bono más tarde. A veces escribía las letras de las canciones mientras estaba de pie con el micrófono. Tenía que trabajar rápido porque la banda estaba pagando cincuenta libras (aproximadamente setenta y cinco dólares) la hora de estudio, y no podían desperdiciar el tiempo. De todos modos el álbum se hizo. «Lo irónico de *October* es que hay una especie de paz en el álbum, aunque fue grabado bajo tanta presión», admitió.

Después de eso, cada vez que regresaba a Portland para un concierto, le pedía al público alguna información sobre el maletín que había sido robado y las partituras que estaban adentro. Finalmente, veintitrés años después de la pérdida, una mujer encontró

el portafolio en el ático de una casa que estaba alquilando. Ella le devolvió esas anotaciones a Bono, quien llamó al incidente «un acto de gracia».[50]

En *October*, su segundo álbum, U2 abarcó nuevas áreas. Las pistas estaban realzadas por piano, gaitas, la percusión de Larry y el bajo de Adam. Los fans de *Boy* se sorprendieron con *October*, y las críticas fueron variadas. Pero Bono apreciaba la falta de temor de la banda al elegir una dirección diferente.

«Un montón de gente dijo que le fue difícil aceptar a *October* al principio. Yo creo que el álbum incursiona en áreas que la mayoría de las bandas de rock pasan por alto», expresó el cantante.

Incluso él mismo, al escucharlo más tarde, se sintió personalmente conmovido por una canción en particular. Sin siquiera darse cuenta de lo que estaba escribiendo, compuso una canción llamada «Tomorrow» [Mañana]. Al escuchar el tema luego, entendió que esa canción era en verdad sobre el funeral de su madre.

Mucha de la inspiración de Bono, sus letras y melodías, tienen un sentido de gracia. La banda bosquejaba sus ideas durante horas de sudor y, a menudo, fuertes discusiones. Pero a veces la armonía del trabajo en equipo producía algo que Bono, Edge, Larry y Adam solo podían llamar un misterio inspirado.

Pero nadie fingía que componer canciones fuera sencillo. «Si sabes lo que significa *grandioso*, sabes que no lo eres», señaló Bono. «Entonces tienes que preparar la oportunidad para toparte con ello... Es por eso que escribir canciones por casualidad es tan importante; llegar al lugar en donde eso puede llegar a suceder, o como decimos, llegar al lugar en donde Dios puede caminar por la habitación.»[51]

U2 siguió adelante con su tercer álbum, *War* [Guerra]. Mientras ellos continuaban explorando nuevos territorios con canciones políticas, este se convirtió en su primer álbum en llegar al número uno en el ranking del Reino Unido. El público respondía a las canciones y a los escenarios en que Bono flameaba banderas blancas. «Aunque nuestro disco se titula *War* [Guerra], se trata mucho más acerca de la rendición»,[52] dijo Bono.

Como líder de la banda, Bono intencionalmente buscaba un momento o una imagen cruciales para que la gente captara y a la cual la gente respondiera en cada show. «Es como cuando estás escribiendo; todo el tiempo estás buscando la imagen exacta. O cuando estás actuando, estás buscando esos momentos». Como artista, Bono nunca se contentaba con la distancia entre la multitud y el artista. Él siempre estaba intentando cruzar esa brecha con el público, tanto mental como físicamente.[53]

Para su cuarto álbum de avanzada, *The Unforgettable Fire* [El fuego inolvidable], los seguidores de U2 ya habían desbordado la capacidad de los pequeños clubes nocturnos. La revista *Rolling Stone*, llamó a U2 «la Banda de los '80», y escribió lo siguiente: «para un creciente número de fanáticos del rock and roll, U2 se ha convertido en la banda que más importa, tal vez la única banda que importa».

A LA VUELTA DE LA ESQUINA

En julio de 1985 U2 tocó en el Live Aid, un singular evento para una causa de gran envergadura. Tocando en conciertos en todo el mundo, desde Londres y Filadelfia, la «rocola mundial» juntó dinero para ayudar a paliar el hambre en Etiopía. Ciento setenta mil personas vieron los show en vivo. Cuatrocientos millones de televidentes en sesenta países lo vieron por TV. Para la banda esta era la mayor oportunidad de mostrar su música, así como también de animar a las personas a alcanzar a otros por medio de la ayuda caritativa.

U2 tocó en Live Aid en el Wembley Stadium de Londres ante un público de setenta y dos mil personas. Ellos habían preparado tres de sus mejores temas. Después del tema «Sunday Bloody Sunday» [Domingo sangriento domingo], la multitud cantaba y bailaba, y Bono dijo por el micrófono: «Somos una banda irlandesa. Venimos de Dublín, una ciudad de Irlanda. Como todas las ciudades, tiene sus cosas buenas y sus cosas malas. Esta es una canción llamada "Bad" [Malo]».

Mirando hacia la multitud cuando cantaba, Bono encontró un momento muy significativo. Mientras la banda tocaba, él señaló hacia una joven que estaba siendo empujada contra la valla protectora. Como los hombres de seguridad no respondieron, Bono saltó la valla, tres metros hacia abajo, a la multitud, y caminó hacia los guardias para que la pasaran por encima de la defensa. La banda continuaba tocando y Bono abrazó a la joven y comenzó a bailar con ella. La banda *siguió* tocando, y la canción se extendió por catorce minutos más.

El tiempo estricto que tenían para tocar se les acabó y la banda no pudo ejecutar su último tema. Mientras el salto de Bono fuera del escenario consumía el tiempo asignado para la banda, lo único que sus compañeros podían hacer era mirar. Larry casi deja de tocar. Por varios años le hizo bromas, diciendo que pensaba que Bono se había ido a tomar el té y los había dejado allí a los tres.

Bono estaba devastado, pensando que el show había sido todo un fracaso, y seguro de que él había sido responsable de lo que había salido mal. «Yo quería encontrar ese momento», dijo luego. «Pero luego tuve un tiempo horrible con la banda. Ese era un gran show para nosotros. Había millones de personas mirando y nosotros no hicimos nuestra mejor canción. Todos estaban enojados conmigo, y me refiero a *muy* enojados.»[54]

Resultó, sin embargo, que lo que parecía haber sido un error salió en las noticias como «el momento revolucionario» para U2.

La imagen de Bono bailando con una fan se convirtió en la imagen principal de todo el evento Live Aid. El público había sido testigo de la conexión emocional y física que el artista era capaz de crear con el público.

Su reputación como súper estrella en un escenario en vivo se vio fortalecida.

CAPÍTULO 06

RECUERDOS TATUADOS EN EL CORAZÓN

BUSCANDO MISERICORDIA

Movido por la experiencia de haber tocado en el concierto Live Aid, Bono se sintió inspirado a ir a África y comprobar por sí mismo las realidades de la vida en ese lugar. No podía sacarse de la cabeza los pensamientos acerca de aquellos que sufren en Etiopía, de modo que habló con su esposa. «Tenemos que intentar hacer algo», le dijo a ella. «En una manera silenciosa.» Ali estuvo de acuerdo, y la pareja tomó la decisión de viajar a África. No le dijeron a nadie a dónde estaban yendo. No hubo cámaras ni periodistas siguiéndolos mientras trabajaban. Simplemente fueron.[55]

En septiembre –tan solo dos meses después de tocar en un estadio lleno de luces y de gente de todo el mundo– él y Ali durmieron en una carpa por más de un mes, mientras vivieron en Wello, Etiopía. Trabajando en un comedor rodeado por alambre de púas, ellos estaban encargados del orfanato.

«Por la mañana, cuando se iba la neblina, veíamos a miles de personas caminando en fila hacia el campamento, gente que había estado caminando grandes distancias durante toda la noche; hombres, mujeres, niños, familias que habían perdido todo lo que tenían, llevando consigo sus pocas pertenencias en un viaje con rumbo hacia la misericordia»,[56] contó Bono.

La tristeza y desesperanza de la pobreza extrema se instalaban como la neblina en su campamento. Un día un hombre vino hasta Bono sosteniendo un niño pequeño en sus brazos. «Llévese a mi hijo», dijo el hombre. «Él vivirá si usted se lo lleva.» Bono quedó enmudecido. Ese momento, el hablar con el padre de ese niño, le dio forma al compromiso de Bono con África.

Cuando él y su esposa viajaban de regreso a casa en el avión, ellos acordaron nunca jamás olvidar lo que habían vivido en ese lugar.[57] Las caras de los niños que habían conocido y amado en Etiopía estaban grabadas en sus corazones tan profundamente como si fueran tatuajes. «Juré no olvidar muchas cosas de las que ocurrieron en ese mes», dijo Bono más tarde. «Uno dice que nunca olvidará, pero uno regresa a su vida cotidiana, vuelve a las tareas, a sus pasiones. Pero algo se quedó conmigo.»[58]

Bono se había enamorado de la gente de África. El amor estaba avanzando.

Al año siguiente Bono y Ali visitaron América Central, una región devastada por las guerras. Durante su viaje conocieron madres que habían perdido a sus hijos y aldeanos que habían abandonado sus hogares arruinados. En vez de ir a trabajar, en este viaje fueron a ver con sus propios ojos la desesperación contra la que luchaban los programas de ayuda. No les llevó mucho tiempo ver cuán desesperante era la situación.

Un día durante la visita, Bono y Ali fueron a una zona controlada por una banda de rebeldes. Estaban cruzando un camino cuando vieron algunos soldados del otro lado. Bono notó que los soldados lucían algo preocupados.

De repente hubo un ruido seco que cortó el aire por encima de la cabeza de Bono. Todos en el grupo se quedaron petrificados. Podían oírse los latidos de cada uno de ellos. ¿Había sido un disparo? ¿Estaban a salvo?

Y entonces los soldados comenzaron a reír. No era una risa amable. Bono explicó más tarde: «Ellos estaban haciéndonos saber que no les simpatizábamos y que podían quitarnos la vida si quisieran hacerlo». Todos estaban muertos de miedo, excepto el líder del grupo. Él no parecía tener ni un poquito de miedo. «Simplemente están tratando de asustarnos», explicó. «Sigan andando. No hay problema.»

«¿No hay problema?», pensó Bono. «¿Qué sería un problema? ¿Granadas?»[59]

Bono cantando temas del álbum The Joshua Tree con el cantante folk Bob Dylan durante un concierto en el Forum en 1987, Inglewood, California.

Así como el viaje a Etiopía les ayudó a entender de un modo nuevo la pobreza extrema y el sufrimiento humano, su visita a América Central les reveló la naturaleza compleja de la vida en otros países. «Algunas imágenes abruman la vista. Vienen a tu mente y te toman prisionero. Tengo muchas de esas experiencias. A veces no quiero contarlas... Toman control sobre ti en momentos en que realmente no lo esperabas. Estás caminando por una calle y las lágrimas caen por tus mejillas. Son imágenes de las que nunca te separarás.»[60]

CANCIONES DESDE LA TRISTEZA

Cuando Bono regresó al estudio de grabación con U2, hizo lo que naturalmente le fluye a un escritor con una melodía: expresó esos recuerdos que lo perseguían, en forma de música. De sus experiencias salieron dos temas nuevos para el quinto álbum *The Joshua Tree* [El árbol de Josué]: «Bullet the Blue Sky» [Disparar al cielo azul] y «Mothers of the Disappeared» [Madres de los desaparecidos].

En medio de la grabación, una nueva tragedia golpeó al grupo. El asistente y amigo de Bono, Greg Carroll, murió en un accidente de motocicleta al cruzarse con un conductor borracho.

Bono acababa de llegar a los Estados Unidos cuando escuchó la noticia. «Solo había estado en mi hotel por una hora, luego de trece horas de vuelo. Lo que hice fue tomar el siguiente vuelo a Dublín.»[61]

Muy angustiados, Bono y Larry asistieron al funeral tradicional maorí de Greg en su Nueva Zelanda natal. Dedicaron el nuevo álbum al compañero que habían perdido, y escribieron el tema «One Tree Hill» [Monte de un solo árbol] en memoria de él, tomando el nombre de un volcán neozelandés.

Bono cantando en un tejado durante la filmación del video
«Where the Streets Have No Name» [Donde las calles no tienen nombre]

[Neal Preston / Corbis]

Con los viajes a la Etiopía de extrema pobreza y a la América Central devastada por la guerra, había sido un año especialmente difícil para Bono. Él describió ese año para él y para la banda como un «desierto», y por eso decidieron usar imágenes del desierto para su nuevo álbum.

La banda se fue a los desiertos del sudoeste de los Estados Unidos para sacar fotos para el álbum. Cuando estaban allí encontraron un árbol peculiar que crecía por sí mismo, rodeado por océanos de arena. Era un árbol llamado «árbol de Josué». Es poco común encontrar un árbol de Josué solo, ya que es una planta que generalmente crece en grupos. A U2 le fascinó este árbol. Llenaron la tapa del álbum con fotos en blanco y negro de este árbol y de paisajes desérticos.

The Joshua Tree escaló hasta a los puestos más altos del ranking en veintidós países. Obtuvo críticas muy favorables; lanzó cuatro temas hasta el número uno en las listas, ganó premios Grammy en las categorías Álbum del Año y Mejor Performance de Rock, y llevó a U2 a la tapa de la revista *Time* como «Mejor banda de rock». Habiendo vendido más de veinticinco millones de copias, *The Joshua Tree* es todavía uno de los álbumes más vendidos de todos los tiempos.

Fue tan popular que veinte años más tarde, en el 2007, U2 relanzó el álbum en una edición aniversario. El éxito de este álbum catapultó a los miembros de la banda como cañones humanos en un circo.

U2 ahora podía tocar en el escenario que quisiera, en cualquier parte del mundo. Pero el lugar que eligieron para su siguiente actuación fue un tejado en un rascacielos de Los Ángeles, California.

Tanto Bono como el resto de la banda instalaron sus instrumentos y los equipos de sonido en el techo de un local comercial. Mientras la gente se agolpaba, ellos tocaron ocho canciones para

Bono canta el tema «Elevation» [Elevación] durante el Elevation Tour del año 2001, en el Molson Center, en Montreal, Quebec, el 12 de octubre de 2001.

deleite de los espectadores. La policía, sin embargo, no estaba tan deleitada. Decían que U2 estaba creando disturbios y exigían que dejaran de tocar. ¡Hasta les cortaron la electricidad! Pero la banda había llegado preparada con un generador eléctrico y Bono siguió cantando a la multitud que gritaba y alentaba.

No fue fácil para la banda continuar después del éxito de *The Joshua Tree*. Su siguiente álbum iba a requerir mucho trabajo e ideas nuevas (algo que en U2 abundaba). A Bono le gustaba el trabajo duro —y las dificultades— que venían de trabajar con Edge, Larry y Adam. «Los diferentes puntos de vista te enriquecen. Lo que te hace cada vez menos capaz de alcanzar tu potencial es una sala vacía de discusión.»[62] Todos esos diferentes puntos de vista y todas esas discusiones finalmente valieron la pena: *Rattle and Hum* [Ruidos y susurros] se convirtió en uno de los mejores álbumes de 1988.

En un sentido, este álbum rindió tributo al país que Bono había aprendido a amar: los Estados Unidos. La banda comenzó a explorar la música norteamericana en toda su diversidad. El álbum contenía elementos de blues, folk y country, además del sonido de rock and roll que U2 ya poseía.

El último tour de la década, el Lovetown Tour, finalizó en Dublín, de vuelta en el lugar en el que habían comenzado. En la medianoche del 31 de diciembre de 1989, U2 hizo la apertura de su último show. Tocaron «Where the Streets Have No Name» [Donde las calles no tienen nombre] mientras el público hacía la cuenta regresiva de los últimos segundos de la década. Los fans de toda Europa escucharon el concierto en vivo por la radio.

Después de un tour tan radical, ¿a dónde más podían ir Bono, Edge, Larry y Adam? Ellos ya estaban en lo más alto de su carrera. Estaban tocando en los escenarios más grandes del mundo, ante las mayores multitudes que alguien pudiera imaginar. Pero Bono y los chicos de la banda pensaban que todavía podía hacerse más.

The Joshua Tree había sido el álbum más exitoso de U2. Muchos críticos y oyentes sentían que la banda debía continuar escribiendo, grabando y tocando esa misma clase de música. Y que nunca debían explorar o experimentar con sonidos e ideas diferentes. Pero eso no era lo suficientemente bueno para este grupo. Ellos querían seguir empujando los límites y descubriendo qué más podían hacer.

Desde el escenario en Dublín esa noche de Año Nuevo, Bono le dijo al público lo que la banda iba a hacer. «Nos hemos divertido mucho en los últimos meses», anunció por el micrófono, «simplemente llegando a descubrir algo de la música de la cual mucho no sabíamos —y todavía mucho no sabemos—, pero fue divertido. Este es el fin de algo para U2... tenemos que alejarnos y... soñar todo de nuevo.»

CAPÍTULO 07

INSPIRACIÓN
FRESCA

I STILL
HAVEN'T
FOUND
WHAT I'M
LOOKING
FOR I BELIEVE
IN THE
KINGDOM
COME

NUEVAS VIBRACIONES

Para el cumpleaños número 29 de Bono, él recibió el mayor regalo que jamás pudo haber imaginado: su primera hija, Jordan. Bono estaba abrumado por la nueva mezcla de emociones que sentía. Orgullo, amor y temor; todas surgían desde adentro a la misma vez. La mayor estrella de rock del mundo caía de rodillas ante un pequeño bebé. «Simplemente sentía tanto amor por una niñita, tan frágil y tan vulnerable. Y me sentía tan humilde al darme cuenta de ello»,[63] reconoció.

El padre de Bono estaba tan feliz como todos los demás. Bono explicó: «Él amaba a los niños, amaba a sus nietos. Lo importante para él era que finalmente, cuando tuviera mis propios hijos, yo entendería lo que era ser un padre. El dolor, la tortura, etcétera. Así que cuando fui y le dije que Ali estaba embarazada, estalló en risas. No podía parar de reírse, y yo le dije: "¿De qué te ríes?". Él me respondió simplemente: "Revancha"».[64]

En 1991 Bono y Ali recibieron a su segunda hija, Memphis Eve.

A medida que la familia de Bono se agrandaba, los miembros de la banda se debatían sobre si seguir con el grupo o no. Luego de diez años de grabar y dar conciertos ininterrumpidamente, ellos necesitaban tomar un descanso de tanto tocar y componer. Ahora, con familias y otras responsabilidades que dividían su atención, ¿podrían de verdad sostener la intensidad de crear un álbum nuevo? Y lo que era más importante aún, ¿creían que podían ser no solo otra buena banda, sino la mayor de todos los tiempos?

Sí, lo creían.

Realizar la siguiente grabación, que finalmente titularían *Achtung Baby* [Cuidado, bebé], demostró a todas luces lo que pensaban. Como U2 nunca había tenido «recetas para el éxito», y tocaban cualquier clase de música popular o que hubiera funcionado bien para ellos en el pasado, cada nuevo álbum era como empezar de cero otra vez. Tomaban las semillas de las ideas y las alimentaban con un montón de trabajo arduo y deliberaciones. Las ideas y talentos de cada uno se potenciaban con las de los demás. Cada miembro del grupo hacía importantes contribuciones a las canciones que se estaban escribiendo. Y cuatro personas musicalmente habilidosas, muy diferentes entre sí, colaborando en un trabajo intenso de creatividad, siempre dan por resultado un proceso muy intenso, aunque al final resulte gratificante.

Pero la banda siempre estaba esforzándose por hacer más, por ser mejor. Al tiempo que trabajaban con un abanico de ideas para el siguiente álbum, discutían acerca del diseño y el sonido.

Anhelando que llegara la inspiración, comenzaron a grabar en Berlín. Algunos años atrás, la ciudad había sido dividida en dos mitades por una gran muralla controlada por soldados. El lado este de la ciudad estaba controlado por el gobierno soviético, que guardaba un estricto control sobre sus ciudadanos y no les daba la oportunidad de vivir la vida como ellos quisieran. En 1989 se derribó la muralla y Berlín volvió a ser una ciudad unificada.

Bono, Edge, Larry y Adam pensaron que grabar en un lugar así les daría la inspiración necesaria para comenzar su nuevo álbum. Pero en vez de ideas estimulantes e inteligentes, ellos encontraron una oscuridad agobiante.

Y luego, como dijo Bono, «Dios entró en la habitación». Improvisando en el micrófono, los cuatro miembros de la banda tocaron una canción que el mundo entero conocería como «One» [Uno].

«One» demostró ser el salto creativo que la banda estaba necesitando. De hecho, se ha dicho que es una de las mejores canciones de todos los tiempos. Los muchachos de U2 estuvieron despiertos toda la noche hasta que completaron la grabación en Dublín y terminaron su séptimo álbum de estudio, *Achtung Baby* (que significa «Cuidado, bebé» en alemán). Ni se imaginaban que este álbum –que había dado tanto trabajo crear– sería votado en el 2010 como el disco más influyente de los últimos veinte años.

Bono habló acerca de la grabación en una entrevista. Dijo: «Es engañoso, en cierto modo. Le pusimos de nombre *Achtung Baby*, sonriendo hasta por las orejas en todas las fotografías. Pero es probablemente el álbum más duro que hayamos hecho».

El mismo U2 con diferente envoltorio. *Achtung Baby* reemplazó la sinceridad evidente de *The Joshua Tree* con un destello de ironía. En años anteriores habían sido criticados por ser demasiado serios y santurrones. Bono y el resto de la banda sabían que su mensaje era importante, pero tenían que encontrar una nueva manera de transmitirlo.

Las canciones de *Achtung Baby* eran ciertamente novedosas para la banda, pero su tour llamado Zoo TV era un cambio aún mayor. Había pantallas gigantes e importantes efectos especiales. La tecnología de avanzada se mezclaba con los medios masivos como en una sobredosis de cafeína. Las pantallas de video bombardeaban los sentidos con efectos especiales rapidísimos e imágenes de la cultura pop. Por medio de estas cosas ellos trataban de mostrar de qué manera la tecnología y los medios nos afectan a todos. La banda criticaba la codicia y el egocentrismo que se ha vuelto en gran manera una parte de la cultura del mundo. Era un cambio radical para U2.

Aunque el estilo salvaje del Zoo TV no se perdió nunca durante los dos años y medio que duró el tour, los detalles del show sí sufrieron cambios. Aparecieron invitados especiales. Más memorables resultaron, sin embargo, los disfraces con los que Bono sorprendía al público.

Esos disfraces tenían como finalidad cambiar la forma de dar el mensaje del grupo. Así como la música y el diseño del escenario establecían el tono del concierto, los personajes que Bono representaban tergiversaban las percepciones normales del público. Cuando estaba actuando como uno de estos personajes, él decía cosas que el público sabía que en realidad él no pensaba. Lo hacía simplemente para lograr que ellos estuvieran despiertos y atentos.

A veces Bono se vestía como La Mosca. Usaba pantalones de cuero y una chaqueta de cuero, como así también grandes lentes de sol. Este personaje era una típica estrella de rock, exhibiéndose por todo el escenario con un aire arrogante y un estilo propio. La Mosca podía decir cosas que Bono mismo nunca diría, lo cual, al final, le daba a Bono mayor libertad en su mensaje.

En otras ocasiones Bono aparecía como el Hombre Bola de Espejos. En su disfraz usaba un traje plateado con botas haciendo juego y un sombrero de cowboy. El Hombre Bola de Espejos era una parodia de la codicia de los tele-evangelistas norteamericanos (como el que había enojado a Bono en esa habitación de hotel hacía tanto tiempo atrás). Cuando actuaba de este personaje, Bono hablaba con un acento sureño exagerado. El Hombre Bola de Espejos –dijo Bono– era la clase de hombre que tomaba un espejo, miraba la imagen reflejada, y le daba al vidrio un enorme beso. Este personaje amaba más que nada al dinero, pensando que el éxito económico era una señal de la bendición de Dios.

Por último, Bono entraba al escenario vestido de Mr. MacPhisto. [N. de la T.: se trata de Mefistófeles, el diablo a quien Fausto vendió su alma.] Este personaje era un diablo, completo con cuernos y todo, que usaba un traje dorado y zapatos de plataforma dorados también. Cuando estaba vestido de Mr. MacPhisto, Bono hablaba con un acento británico de clase alta. Edge decía que Mr. MacPhisto «era una herramienta grandiosa para decir lo opuesto a lo que pensabas. Hacía que el mensaje llegara fácilmente y con verdadero humor». Durante los conciertos, Bono hacía llamadas telefónicas en broma y asumía el rol de Mr. MacPhisto.

Bono contempla la destrucción en la biblioteca de Sarajevo, el 31 de diciembre de 1995, durante una visita particular a esa ciudad. Bono, que ayudó a organizar conciertos en apoyo a Sarajevo durante la guerra, aprovechó la tregua para visitar la ciudad.

[AP images]

A veces llamaba a políticos locales que habían tomado decisiones corruptas. «Cuando estás vestido como el Diablo», dijo Bono, «tu conversación inmediatamente se vuelve irónica. Si le dices a alguien que realmente te gusta lo que está haciendo, se entiende que no es un halago.»

Pero estos personajes no son todo lo diferente que hubo en el tour Zoo TV. U2 incluso tocó canciones completamente nuevas cuando, durante un receso en el tour, ellos lanzaron un nuevo álbum llamado *Zooropa*. [N. de la T.: El título del álbum *Zooropa* proviene de la fusión entre el tour Zoo TV y los conflictos políticos que por ese tiempo tenían lugar en Europa del este. Se dice que Zooropa es un álbum mellizo del anterior].

Y en algunos shows interrumpían el tono de burla del concierto para mostrar la realidad en vivo y sin editar: hacían trasmisiones satelitales desde Sarajevo, una ciudad de Bosnia destruida a causa de la guerra, en la cual diferentes grupos étnicos y religiosos habían estado en guerra por décadas.

Para el final de la siempre cambiante gira, Bono ya había grabado y lanzado el álbum ganador de un Premio Grammy, *Zooropa*; había grabado a dúo con el legendario Frank Sinatra; había hecho llamadas telefónicas falsas a la Casa Blanca, y se había enamorado de una ciudad arruinada en Bosnia.

Bono nunca olvidó esa ciudad, ni el modo en que su conflicto interminable se prendió a su corazón. Varios años después se asoció con un periodista norteamericano que había participado de las trasmisiones vía satélite en Sarajevo. Juntos crearon el documental ganador de varios premios, *Miss Sarajevo*.

El filme se trataba de la vida en esa ciudad, la capital de Bosnia, durante una guerra moderna. Durante cuatro años los ciudadanos lucharon para mantener una apariencia de normalidad, mientras los disparos de los francotiradores estallaban por los tejados,

Bono y Luciano Pavarotti cantan en el concierto Pavarotti and Friends, el 27 de mayo de 2003 en Módena, Italia.

(Giuseppe Cacace - Getty Images)

y al tiempo que vivían por meses sin agua corriente ni electricidad.

En el inquietante tema de fondo del documental, Bono fusiona ópera y rock en una melodía pegadiza. En 1995, U2 interpretó este tema con el legendario cantante de ópera, Luciano Pavarotti, en Módena, Italia. No ocurriría otra presentación en vivo hasta que la cantaran en la ciudad devastada.

POP

El siguiente álbum de U2, *Pop*, exploró nuevas tecnologías e investigó nuevos sonidos. El descubrimiento creativo y el desarrollo llevan tiempo. Sin embargo, todo el álbum se frenó en el estudio de grabación. Aunque algunos plazos podían demorarse, el cronograma del tour de 1997 no podía. Ya se habían vendido los tickets para los próximos conciertos. El show debía continuar.

Comenzando en Las Vegas, Nevada, el tour PopMart se burla de la cultura popular y el concepto consumista de ¡Compra! ¡Más! ¡Ahora! Bono no flameó ninguna bandera blanca en este tour como lo hizo en los conciertos de *War*. En una imagen muy distinta –la que algunas veces fue malinterpretada y menospreciada– el mensaje del show era irónico, extravagante y deliberadamente exagerado.

Al final, los tiempos de grabación de la banda se intercalaron con ensayos para los shows en vivo, afectando las sesiones de estudio y las presentaciones en vivo. La música no estaba realmente al nivel en que ellos hubieran querido que estuviera, y los shows, ambiciosos y repletos, de gente sufrieron una multitud de problemas técnicos. Una de esas dificultades siempre parecía tener que ver con un limón espejado gigante que giraba encima del escenario.

Al finalizar los conciertos, la banda hacía sus temas «bis» saliendo desde adentro del limón. Pero el aparato no siempre funcionaba bien: dos veces la banda se quedó encerrada dentro del fruto. Bono se rió de eso más tarde. «Todavía extraño a nuestro limón», dijo. «Ese era un tipo psicodélico de diversión. Era algo hermoso transportarnos en ese limón.»

El grupo había pasado la mayor parte del año 1990 deconstruyendo su imagen seria pero sin abandonarla por completo. La música que hacían todavía podía electrizar a sus oyentes y liberar sus corazones. En la mitad del PopMart Tour, U2 llevó su música a la ciudad de Sarajevo, destrozada por la guerra. Ellos fueron la primera banda capaz de organizar un concierto allí luego de que la guerra asolara a la ciudad, y trataron de incluir a todos los grupos étnicos en su público de cincuenta mil personas. Los trenes andaban por primera vez en muchos años, solo para traer a las personas al concierto.

El show de Sarajevo fue grande y audaz: estrellas de rock en vivo con corazones tiernos. En forma acertada, incluyeron una interpretación especial de «Miss Sarajevo» en su temario.

Bono luego llamó a ese show «una de las noches más duras y más dulces de mi vida». Para la ciudad era puro amor. «Por dos horas mágicas la banda de rock U2 logró lo que los guerreros, políticos y diplomáticos no pudieron lograr: ellos unieron a Bosnia», reportó un noticiero.

La presentación en Sarajevo fue lo más destacado a nivel emocional, en una gira que de otro modo podría llamarse difícil. El tour aportó un montón de dinero, pero producirlo costó mucho más que otros. U2 realmente casi corre peligro de quebrar financieramente por hacer esta gira.

DESPOJARSE DE TODO

Mientras U2 todavía estaba en peligro de quebrar, Bono se concentraba en otro asunto. «Creo que el culto a la celebridad es ridículo, pero rinde económicamente. Nosotros tratamos de usar el dinero sabiamente. Tratamos de hacerlo producir.»[65]

Esto fue especialmente cierto cuando él se convirtió en el vocero de la campaña Jubilee 2000. Esta campaña lo puso al lado de personas muy influyentes, como el ex presidente de los Estados Unidos, Bill Clinton, y el primer ministro británico Tony Blair. Bono argumentaba que el nuevo milenio era el momento ideal para liberar a los países más pobres del mundo de sus deudas, para que ellos pudieran invertir en la salud de su pueblo.

Cada vez que un país pide dinero prestado, se le exige devolver la cantidad original *más los intereses*. Por cada dólar que los países africanos pedían, debían devolver ocho dólares (una cantidad que resultaría abrumadora incluso para una nación rica, sin mencionar el peso que eso representaba para una nación pobre). La mayoría del dinero que las naciones africanas recibían como ayuda se destinaba, entonces, para pagar la deuda externa en vez de ser utilizado para paliar el hambre y ayudar a las personas abatidas que más lo necesitaban. Bono sabía que eso estaba mal y quería hacer algo al respecto.

Bajo las demandas de un programa agotador, Bono pasó mucho de su tiempo trabajando para el éxito de Jubilee 2000, y luego regresó a Dublín para juntarse con la banda en el estudio.

Con cada nuevo álbum U2 buscaba crear una música fresca, que fuera original, única y relevante. Y, como era de esperarse, las sesiones de grabación llevaron más tiempo del planeado (en gran medida a causa de la agenda tan ocupada de Bono). Pero esta vez, a diferencia de lo ocurrido con *Pop*, U2 se negó a que los apuraran, y pospusieron el lanzamiento del disco. El grupo se alejó de la extravagancia de su experimento anterior y volvió a escribir canciones con melodías fuertes. Dejando atrás todo el brillo del sonido techno, U2 despojó la música de todo aditamento hasta reducirla a lo más esencial.

Los fans ansiosos tuvieron que esperar meses antes de poder escuchar la nueva música, pero cuando el producto terminado estuvo listo, en octubre de 2000, no se sintieron decepcionados. *All That You Can't Leave Behind* [Todo lo que no puedes dejar atrás] debutó en el puesto número uno en veintidós países.

El sencillo diseño de tapa en blanco y negro reflejaba el estilo directo y a veces subestimado del sonido de este álbum. La fotografía de la cubierta muestra a la banda en un aeropuerto, como si estuvieran esperando para partir. Un cartel que indica a los pasajeros la puerta indicada, originalmente decía *F21-36* pero Bono hizo que la cambiaran para que se leyera *J33-3*. Esto era en referencia al versículo bíblico de Jeremías 33:3: «Clama a mí y te responderé, y te daré a conocer cosas grandes y ocultas que tú no sabes». Bono se refería a este número como el número de teléfono de Dios. (Jeremías 33:3 se encuentra también en la letra: «3:33 when the numbers fell off the clock face» [3:33 cuando los números cayeron del reloj], en la canción de adoración íntima llamada «Unknown Caller» [Llamada desconocida], del álbum de 2009, *No Line on the Horizon* [Ninguna línea en el horizonte].

El tercer hijo de Bono y Ali, Elijah Bob Patricius Guggi Q, había nacido en su décimo séptimo aniversario de bodas, antes del lanzamiento del nuevo disco. Como si hubiera estado programado, su cuarto hijo, John Abraham, nació luego del lanzamiento, justo cuando el Elevation Tour estaba en proceso.

Cinco meses más tarde, el padre de Bono fue admitido en el hospital encontrándose en las últimas etapas de un cáncer. Bono fue a estar con él.

«Logré hacer las paces con él, pero nunca llegué realmente a ser su amigo», admitió Bono. En verdad, los dos hombres nunca pudieron conversar. En sus últimos días, Bono lo visitaba cada día en el hospital, pero todo lo que su padre podía hacer era susurrar.

Bono pasó muchas noches acostado al lado de su padre en una cama plegable. Como el anciano no podía hablar, padre e hijo cruzaron pocas palabras. Mientras Bono estaba sentado allí junto a él, dibujaba algunas cosas. A veces hacía dibujos del cuarto de hospital, completo con todos los cables y tubos. Otras veces le leía a su papá. A Bob le encantaba el rico lenguaje de Shakespeare, y Bono le leía algunas obras.[66]

Después de su fallecimiento, su hijo volvió a los escenarios en Londres para continuar con el tour europeo y rendir tributo a su papá. «Todos debemos agradecerle a mi padre por haberme dado esta voz. Él era un magnífico tenor, y solía decirme que imaginara cómo podrían haber sido las cosas si tan solo yo hubiera tenido su voz», relató en uno de esos conciertos. Luego cantó «Kite» [Cometa], una canción que Bono había escrito para sus hijos. «Esto es para ti, Bob»,[67] dijo.

El tributo dijo mucho acerca del amor de Bono por su padre. Incluso si las cosas nunca fueron perfectas entre ellos, el hijo siempre atesoraría la memoria de su padre. «Supongo que no tuve una buena relación con mi papá por mucho tiempo. Hice las paces con él antes de morir, pero desearía haber arreglado las cosas antes.»[68]

Todas esas emociones se dejaron ver en la música. El tributo personal de Bono a su padre llegó en el siguiente álbum, *How to Dismantle an Atomic Bomb* [Cómo desmantelar una bomba atómica].

«Su fallecimiento me inició en un viaje, un alboroto, una búsqueda desesperada para saber quién era yo, y eso dio como resultado muchas de estas canciones», explicó Bono.

Más específicamente, la canción «Sometimes You Can't Make it on Your Own» [A veces no puedes hacerlo solo], estaba inspirada en el padre de Bono, el macho irlandés amante de la ópera. Este sincero tributo ganó el Premio a la Canción del Año en los premios Grammy del 2006.

«Esto es para ti, Bob.»

CAPÍTULO 08

LO QUE ESTE GRUPO NECESITA ES UNA ESTRELLA DE ROCK

ONE LOVE
ONE BLOOD,
ONE LIFE
YOU GOT
TA DO WHAT
YOU SHOULD
ONE LIFE
WITH EACH
OTHER

LA CRISIS Y LA EMERGENCIA

Siendo un músico que ha permanecido en la misma banda por décadas al tiempo que también trabajaba en colaboración con artistas de ópera, R&B, rap, folk, country y rock, Bono comprende el poder de trabajar juntos.

No es de asombrarse que busque colaboraciones significativas que le ayuden a traer bendición al mundo en maneras prácticas y medibles.

Bono ha dejado, en un sentido, de intentar usar su música para propósitos políticos. Él todavía toca en estadios llenos, pero sabe que puede hacer más cosas por África trabajando codo a codo con líderes mundiales y hablando sobre los problemas que enfrenta el continente. «Estoy cansado de soñar. En este momento quiero hacer. Tengamos solo metas que podamos alcanzar. U2 tiene que ver con lo imposible. La política es el arte de lo posible. Ellos son muy distintos, y ahora estoy resignado a eso.»

«Dos millones y medio de africanos van a morir el año que viene por la más estúpida de las razones: porque es difícil conseguirles los medicamentos contra el SIDA. Bueno, no es difícil llevar gaseosas hasta los lugares más lejanos de África. Podemos llevarles gaseosas frías. Entonces, también podemos llevarles las medicinas. Esto es Estados Unidos. ¡Podemos hacer de todo aquí! Ustedes mandaron un hombre a la luna. Saben a lo que me refiero, ¿verdad?»[69]

Recibir la medicación correcta decide no solo si un niño vivirá, o qué tan bien lo hará, sino además cuánto aprenderá. La salud y la educación están íntimamente ligadas. Trata la enfermedad –el SIDA, o la malaria o los piojos– y las escuelas y el aprendizaje ya no serán un sueño distante.

«Estoy luchando para demostrarle al mundo de lo que somos

capaces en el occidente, con nuestra tecnología, nuestras innovaciones, nuestra agricultura, nuestra farmacología. Hemos desplegado esta prosperidad inimaginable. Demostrémosle al mundo lo que podemos hacer con ella.»[70]

La emergencia del SIDA no es la única cosa con la que Bono ha estado luchando horas extra. Ayudar a los pueblos empobrecidos incluye perdonar las deudas nacionales para que los países puedan desarrollar sus propios recursos, construir carreteras y escuelas, brindar medicamentos a los enfermos, y levantar una generación libre del interminable ciclo de la pobreza.

«En un futuro no muy lejano», dijo Bono, «el mundo rico invertirá en la educación del mundo pobre, porque es nuestra mejor protección contra las mentes jóvenes desviadas por ideologías extremistas (o creciendo sin ninguna ideología, lo que puede ser peor).»[71]

Bono entiende la fuerza que ejerce como individuo. Camina sobre el escenario y el planeta entero le presta atención. Sabe cómo comunicar un mensaje. Y no se echará atrás en una pelea; especialmente cuando es una pelea en la que cree con todo su corazón.

Con su singular y poderosa voz, Bono ha movilizado esfuerzos para ayudar a los más pobres del mundo. Pero sabe que es una misión que no puede realizar solo.

BUENOS TRATOS

Por África, Bono tuvo que trabajar en colaboración con talentos que no tenían nada que ver con la música. Después de todo, las sociedades no pueden forjarse solo con los amigos de uno. «No es necesario tener armonía en todo, sino solamente en una cosa, para llevarte bien con alguien»,[72] señaló Bono.

El Presidente George W. Bush estrecha su mano con Bono, luego del discurso presidencial en el Banco Interamericano de Desarrollo, el 14 de marzo de 2002, en Washington.

El ex Presidente Bill Clinton habla con Bono antes de una cena en Nueva York en honor de la Frank Foundation Child Assistance International [Fundación Internacional Frank de Asistencia a los Niños] de Washington.

El ex Secretario del Tesoro de los Estados Unidos, Paul O'Neill, tuvo una respuesta habitual cuando el cantante golpeó a su puerta. «Al principio me negué a atenderlo», aclaró O'Neill. «Pensé que era solo una estrella de pop más que quería usarme.» Pero finalmente accedió a sentarse y hablar con él. Conversaron durante una hora y media, y entonces el Secretario del Tesoro cambió de opinión. «Él es una persona seria. Le preocupan profundamente estos temas y, ¿saben qué? También conoce mucho acerca de ellos.»[73]

Bono también habló con el entonces Presidente Bill Clinton y otros más, mostrándoles que cancelar la deuda podría reducir la pobreza y a la vez incrementar la buena predisposición hacia los Estados Unidos.

En una reunión de los jefes de gobierno más poderosos en el 2005 (la que luego se llamaría Cumbre del G-8), Bono ayudó a convencer a las naciones industriales de que perdonaran más de cuarenta mil millones de dólares en préstamos a África. «Esos países, en vez de pagar viejas deudas pueden gastarlo en salud, educación e infraestructura», argumentó él. Y los jefes de estado escucharon. Prometieron dar acceso a medicamentos a casi diez millones de personas pobres con VIH.[74]

Bono no se detuvo allí. Él siguió hasta ver al entonces Presidente George W. Bush y a la Asesora de Seguridad Nacional, Condoleeza Rice. «La gente se reía abiertamente en mi cara cuando les sugería que esta administración podría distribuir drogas antiretrovirales a los africanos», confesó Bono. «Me decían: "Estás loco".»

Pero él insistió, y finalmente la administración lo escuchó. Prometieron la asombrosa suma de quinientos mil millones para ayudar a detener la plaga del SIDA en África. «Hay doscientos mil africanos que ahora le deben la vida a los Estados Unidos»,[75] dijo Bono con orgullo.

En su misión, Bono también visitó cuatro naciones africanas con el Secretario del Tesoro de los Estados Unidos, el Sr. O'Neill. Él apeló a primeros ministros, estadistas, y generales del ejército canadiense.

«Si pones tu hombro contra la puerta, puede que se abra. Especialmente si estás representando a una autoridad mayor que tú mismo. Llámalo amor, llámalo justicia, llámalo como quieras... casi todas las personas coincidirán en que sí hay un Dios, Él tiene un lugar especial para los pobres. Los pobres son donde Dios vive. Así es que son estos políticos los que deberían estar nerviosos, no yo.»[76]

Bono trabajó con políticos y líderes mundiales en todos los aspectos de diferentes temas políticos. Pero una vez más, él no estaba dispuesto a detenerse allí. Así que entró en la iglesia. Llegó hasta los bancos de las iglesias y amonestó a los que escuchaban a no quedarse quietos y mansos ante tanta pobreza y tanto hambre. «Dios no lo aceptará», dijo Bono en un desayuno anual de oración. «Al menos mi Dios no lo hará. ¿Y el suyo?»[77]

Motivada por un llamamiento superior, la iglesia tomó acciones para movilizar a su enorme organización con medicamentos y redes de mosquitero para prevenir la malaria. Pero no todos los grupos cristianos pusieron el mismo empeño. Muchas congregaciones conservadoras respondieron con debilidad, no prestando tanta atención a las luchas de los distantes pueblos africanos, con quienes sentían que no tenían mucho en común. Bono estaba furioso.

«Estaba enojadísimo de que los cristianos conservadores no se involucraran más en la emergencia del SIDA», dijo Bono. «Yo les decía: "Esta es la lepra de la que leemos en el Nuevo Testamento. Cristo se juntó con los leprosos, pero ustedes están pasando por alto esta emergencia del SIDA. ¿Cómo pueden hacer eso?"» Esta vez los conservadores escucharon. Entendieron que debían comprometerse en la crisis del SIDA, y comenzaron a sostener misiones en África.[78]

Bono también habló con Oprah Winfrey –y sus millones de televidentes– explicando lo que estaba sucediendo en África y lo sencillo que sería para los norteamericanos ayudar a cambiar el mundo. «Por lo mismo que te cuesta llevar a tu novia a ver una película, puedes cambiar sus vidas. ¡Qué privilegio es estar en esa situación!»[79]

Todo este trabajo trajo aparejada una comprensión más profunda de que cuantos más socios tuviera Bono en esta tarea, mejor sería. «El problema tiene que ser resuelto, y no podemos hacerlo solamente con los gobiernos. Estamos peleando contra el fuego. La casa se está incendiando. Traigamos el agua. Terminas trabajando al lado de alguien que vive al final de la calle y que no te cae bien. ¿Te importa si está tratando de mejorar su imagen ayudando a extinguir el fuego?»[80]

Bono ha trabajado de manera incansable en pos de reunir socios para que el amor pueda cambiar el mundo. Es una gran misión pero, al final, Bono cree que un mundo mejor es posible. «Siempre es la misma actitud la que triunfa: la fe sobre el temor. En el asunto de África no podemos perder, porque estamos poniendo nuestro hombro contra la puerta que el Dios Todopoderoso ya ha abierto.»[81]

DESDE EL ESCENARIO

Desde que Bono saltó del escenario en el concierto Live Aid en 1985, U2 ha usado sus shows para motivar y movilizar al público en pos de causas humanitarias.

Cuando el grupo resaltó el trabajo por los derechos humanos

Bono y el ex Presidente de Sudáfrica, Nelson Mandela, posan después de una reunión en la residencia de Mandela en Johannesburgo, 25 de mayo de 2002.

durante la Amnesty International's Conspiracy of Hope [Conspiración de Esperanza de Amnistía Internacional], la membrecía de la organización en los Estados Unidos se incrementó en unas cuarenta y cinco mil personas.

Cuando protestaron contra una fábrica nuclear en el Reino Unido en un concierto, todos los ingresos fueron para Greenpeace.

En el 2003, U2 subió a un escenario durante las Olimpíadas especiales para tocar «One» [Uno] y «Pride (In the Name of Love)» [Orgullo (En nombre del amor)]. Al final del show, Nelson Mandela subió al escenario y se sumó a la banda como un símbolo de unidad.

Bono también ayudó a organizar una serie de conciertos a beneficio de los países más pobres del mundo. Describiendo esos recitales, Bono explicó que el Live Aid en los '80 había sido por caridad. Pero estos conciertos eran por justicia. «Hay una razón por la cual estos pueblos están estancados, además de por la corrupción y los desastres naturales, todo lo cual puedes encontrar en el continente africano. Hay otras razones por las que ellos están de rodillas y no se pueden levantar, razones con las cuales nosotros tenemos que ver.» De manera que en julio de 2005 U2 tocó para llamar la atención sobre las crisis de las naciones que se enfrentan con epidemias de SIDA.

En 2009, U2 tocó en Alemania para celebrar el vigésimo aniversario de la caída del muro que dividía a Berlín del este y el oeste. Su concierto en la Brandemburg Gate celebraba aquel día de noviembre de 1989 cuando la libertad llenó las calles de la ciudad. «¡Feliz cumpleaños, Berlín!», gritó Bono en el concierto.

Ya fuera en África o en Sarajevo, los talentos de Bono habían transformado una voz en un ruego, y una canción en un llamado. Para comunicarte con una multitud o asociarte con un político no necesariamente precisas a una estrella de rock. Pero si quieres mover montañas, no está nada mal tener una estrella.

«¿Qué es lo que hace que estés calificado para ayudar a una persona que ha sido atropellada en un accidente de autos?», preguntó Bono. «Solo hay un requisito indispensable: que por casualidad te encuentres allí, y que seas capaz de llamar a una ambulancia. Así es como yo veo mi rol: como uno que da la voz de alarma.»[82]

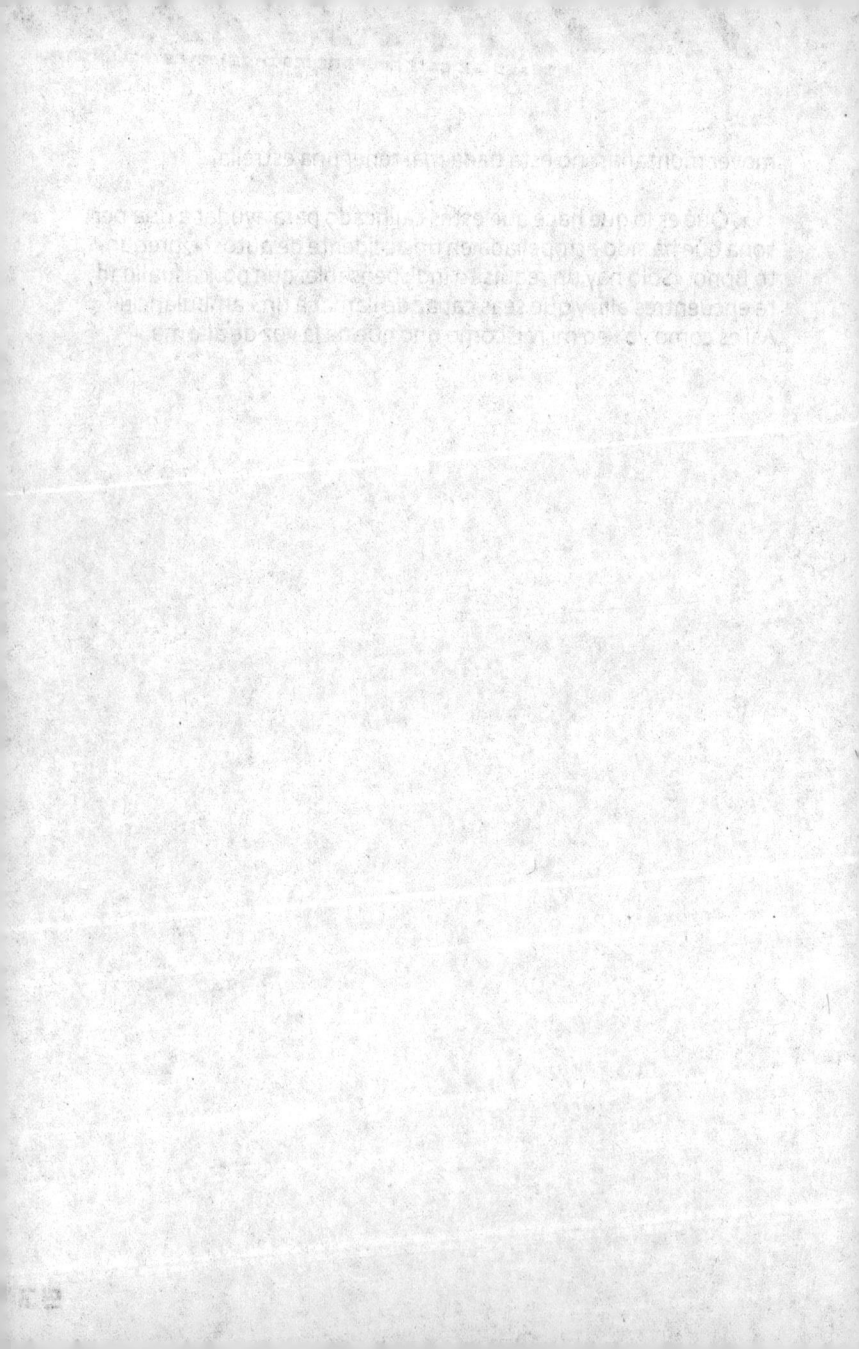

CAPÍTULO 09

'ROCKANROLEA' MOSTRANDO QUE LO SIENTES

BLANCO MÓVIL

En los treinta años que tiene el grupo U2, su música ha permanecido siempre en los primeros puestos de los rankings. Se han mantenido auténticos y actualizados al hablarle a cada generación, subiéndose a las olas del cambio en vez de nadar en un solo lugar.

La tecnología del entretenimiento está cambiando a toda prisa, pero U2 está al día. Mp3, iPods, teléfonos celulares y otros aparatos musicales han cambiado la forma de escuchar música. Tener fans que escuchan un álbum completo y unificado, con cada canción que se encadena con la anterior para ir formando un tema, es cada vez más inusual.

Crear música excelente ya no es suficiente. En estos días *lo que* Bono canta o dice es tanto o más importante que *la forma* que elije para decirlo. «Tenemos que empezar a pensar en nuevas formas de comunicar nuestras canciones, de comunicarnos en este nuevo mundo con tantos canales.»[83]

En 2006, un grupo de directores de cine se acercaron a U2. Ellos tenían la idea hacer una película sobre conciertos, que incluyera tecnología de última generación. Era un proyecto enorme que amenazaba con distraerlos de su tour Vertigo [Vértigo]. Pero U2 finalmente decidió aprovechar la oportunidad de ser parte de un experimento de vanguardia.

Luego de grabar siete recitales en Latinoamérica y dos en Australia, en el año 2008 se estrenó *U2-3D*. Fue la primera filmación grabada, producida y proyectada enteramente en 3D. Fue el onceavo film más taquillero de todos los tiempos, ocupando el lugar justo debajo del film de U2 de 1988, *Rattle and Hum*.

La banda también ha abierto nuevos caminos con su película del concierto de 2010. Para filmar *U2 360 en el Rose Bowl* en Pasadena, California, se utilizaron veintisiete cámaras de alta definición. El mismo concierto ganó la distinción de ser el primero en emitirse en vivo por YouTube.

Su hit «Vertigo» [Vértigo] obtuvo un tiempo de aire poco habitual, en un comercial televisivo para iPods. El aviso parecía más un video musical que una pauta publicitaria. Pero algunos críticos acusaron a la banda de venderse. Dijeron que la banda había reducido el valor de su música utilizándola para comerciales. Esos críticos pensaban que cuando los fans escucharan el tema en la radio, lo asociarían con el anuncio en vez de con lo que estaban tratando de comunicar.

Bono discrepó con eso. «*Venderte* es hacer por dinero algo que tú no quieres hacer. Eso es venderse. Nosotros pedimos estar en esa publicidad. Podíamos ver el lugar en el que se encuentra el rock, peleando por tener relevancia al lado del hip-hop.»[84]

Ya sea que uno esté de acuerdo con esa movida o no, lo cierto es que ahora un montón de jóvenes podían cantar el tema «Vertigo» incluso cuando nunca hubieran escuchado a U2 y no supieran nada de la colección de premios Grammy que posee la banda o de su presencia en el Salón de la Fama del Rock and Roll. Para una nueva generación, «Vertigo» era el comienzo de una relación de por vida con U2. «Si derramas tu vida en las canciones, tú quieres que las escuchen», dijo Bono. «Es un deseo de comunicar. Un profundo deseo de comunicar es lo que inspira la composición musical.»

Por otra parte, la banda no está interesada en escribir jingles ni nada que se les parezca. Una vez les ofrecieron veintitrés millones de dólares por los derechos musicales de uno de los mayores y más reconocidos himnos de todos los tiempos: «Where the Streets Have No Name» [Donde las calles no tienen nombre]. Una compañía de autos quería hacer una propaganda utilizando la canción. «Yo sé por mi trabajo en África lo que veintitrés millones

Bono alimenta con cuchara a un bebé de once meses llamado Thomas Qubile mientras su madre, Mpumelelo, observa desde el consultorio prenatal para enfermos de VIH en el Hospital Chris Hani Baragwanath en Soweto, Sudáfrica.
[Giuseppe Cacace / Getty Images]

Shambasha cerca de Arusha, Tanzania, durante un tour por seis naciones de África.
[Emmanuel Kwitema / Reuters / Landov]

pueden comprar», dijo Bono. «Fue muy difícil rechazar ese dinero.» Pero la banda sabía que si un show estaba un poquito desinflado —si la multitud no estaba tan energizada y su música no estaba sonando en la manera que ellos deseaban—, siempre podían tocar «Where the Streets Have No Name» y, tal como Bono decía, Dios podía entrar caminando a la habitación. Esa era la única canción en la que podían apoyarse para cambiar la atmósfera de una público y llevar de nuevo los corazones hacia la música. Bono, Edge, Larry y Adam coincidieron en que no querían que durante un recital la gente se diera vuelta y se mirara cuando escucharan los acordes de apertura y dijeran: «Ah, ahora van a tocar el comercial del auto». La banda rechazó la oferta.[85]

Amigos desde hace treinta años, Bono, Edge, Larry y Adam, desean permanecer en la banda mientras esto signifique ser consistentes sin estancarse, extender los límites de lo creativo sin perderse ellos mismos en el proceso, y discutir pero siempre trabajando en pos de las mismas metas. Hablando de esta relación con sus tres extraordinarios amigos y compañeros de banda, Bono expresó: «Quiero ver qué sucede con una banda si sus miembros cuidan su integridad, guardan su compromiso uno con el otro, y crean música extraordinaria... ¿Sabes? Quiero ver qué ocurre si nos mantenemos en contacto con el mundo, despiertos, y no dejamos que el dinero nos compre. Todavía estoy hambriento. Todavía quiero obtener más de la música.»[86]

NUEVAS ALTURAS

Después del álbum de 2004 *How to Dismantle an Atomic Bomb* [Cómo desmantelar una bomba atómica], Bono reveló que una vez más U2 iría en una dirección musical diferente. «Vamos a continuar siendo una banda, pero tal vez el rock se tendrá que ir; quizás el rock se tenga que poner un poco más duro. Pero sea lo que sea, no se va a quedar donde está ahora.»

El vocalista, Bono, en el centro, y la banda de rock U2 actuando durante el Tour 360 en el estadio de Wembley en Londres, el viernes 14 de agosto de 2009.

No solo ellos hicieron su experimento a nivel musical, sino que Bono experimentó también escribiendo las canciones desde otro punto de vista, como el de un oficial de policía o un soldado. «Es un álbum muy personal. Estas son historias muy personales, aunque estén escritas desde el lugar de un personaje y, en un sentido, no podrían estar más lejos de mis propias políticas. Pero en el sentido de la visión periférica, hay un mundo allí afuera.»

En febrero de 2009, U2 lanzó su quinto álbum de estudio, *No Line on the Horizon* [Ninguna línea en el horizonte]. Llevó cinco años, tres productores, más de cincuenta conceptos de canciones, y estudios de grabación en cuatro países diferentes.

La gira posterior, llamada Tour 360, llevó la presentación experimental de la banda a nuevas alturas también. La pieza central —un escenario enorme y especialmente diseñado apodado *The Claw* [La garra]— era en parte una nave espacial y en parte una garra gigante que le permitía a la banda ponerse en el medio de un estadio y estar rodeados por los fans.

El show en el estadio Rose Bowl en Pasadena, California, rompió el récord del concierto con más concurrencia en un show de los Estados Unidos de un solo artista principal. (El anterior récord *también* lo había tenido U2, en 1987.) Al fin del Tour 360, ellos habían tocando ante casi seis millones de personas.[87]

En medio de todo el trabajo que debe hacerse en cuanto a esfuerzos humanitarios, Bono todavía ama el escenario, tocar con sus compañeros y darle expresión a las melodías que hay en su cabeza. «A lo largo de los años, uno toma como obvia la oportunidad de hacer música. Estoy muy feliz de ser un activista, pero es una vida muy demandante, con un gran esfuerzo, y puede ser un trabajo sucio. Este récord me puso de nuevo en el lugar en el que estaba cuando era un adolescente trabajando en una gasolinera, soñando con que llegara la hora del ensayo con la banda. Era tan embriagador escuchar una guitarra eléctrica o el sonido metálico de un platillo. Tal vez necesitaba recordar eso.»[88]

LO POSIBLE

Los logros de un músico irlandés y sus tres amigos son un testimonio de lo que puede suceder cuando las personas buscan hacer lo extraordinario. «No se interesen demasiado en lo posible. Lo imposible se hace posible a través de una combinación de fe, talento y estrategia.»[89]

En su larga carrera, que aun continúa, U2 ha ganado ya veintidós premios Grammy, incluyendo los premios a Mejor Grupo de Rock, Mejor Álbum de Rock, Álbum del Año, Grabación del Año y Tema del Año. En el año 2005 ingresaron al Salón de la Fama del Rock and Roll. Su obra ha permanecido siempre en los diez primeros puestos de todo el mundo, y han ganado una multitud de premios internacionales. Vendieron una cantidad suficiente de álbumes como para darle una copia a cada persona en Irlanda... y luego volver a hacerlo veintinueve veces más.

La lista de honores personales de Bono es tan larga como la lista de hits de U2. Ha sido nominado tres veces para el Premio Nobel de la Paz, lo designaron Caballero de la Legión de Honor en Francia, le concedieron el título de *Sir* en el Reino Unido, y la revista *Time Magazine* lo nombró Persona del Año en 2005. En 2010 fue premiado con el Premio al Liderazgo Humanitario por su trabajo con la Campaña ONE [Uno], la cual continúa reuniendo recursos y despertando conciencia para pelear contra las enfermedades y la pobreza en África. En muchos sentidos, ese es el trabajo de la vida de Bono. «Hay tantas cuestiones en las que es difícil saber lo que Dios quiere de nosotros», dijo Bono, «pero este tema, ayudar a los que están en situación de pobreza extrema, sabemos que Dios lo bendecirá.»[90]

Y las bendiciones se sienten como olas en el mar. «Como resultado de la cancelación de la deuda, hay cuarenta millones más de niños que están yendo a la escuela en el continente africano»,[91] declaró Bono. Y se han hecho progresos que antes parecían imposibles en materia de salud. «Hubo un tiempo en que ningún africano podía pagar esos pocos medicamentos. Dos píldoras al día es todo lo que se necesita para mantenerlos con vida, y la gente estaba muriendo... cinco mil personas por día. Ahora hay tres millones de africanos tomando medicamentos antiretrovirales.»[92]

Él es un hombre con una misión en una banda con una misión. Y los otros miembros de la banda están contentos de que él todavía siga haciendo música. «Las buenas noticias desde nuestro punto de vista son que él prefiere trabajar en la música más que en cualquier otra cosa. Y además, que no le interesa ser un candidato político»[93], dijo Edge.

Siendo un hombre que buscaba reconciliar la tragedia con el amor, y el estrellato con la compasión, este hijo de un empleado postal de Dublín ha seguido la fe y la música como un hilo continuo. La música corre por sus venas y atraviesa su corazón. También lo atraviesa el imborrable recuerdo de un hombre cargando a su hijo en Etiopía: *Si te lo llevas, vivirá.*

Así como la música de U2 se ha hecho más grande que los cuatro hombres que la componen, el trabajo de Bono en África y otras naciones empobrecidas también es más grande que cualquier hombre. «Lo que anhelo es que el movimiento social que está creciendo alrededor de esto sea tan fuerte que en la eventualidad de que alguien como yo no esté más, ellos ni lo noten. Al final, los movimientos sociales son los que ganan las batallas, no las estrellas de rock.»[94]

Hasta ese entonces, tenemos a Bono.

REFERENCIAS

1. «Bono's Mission» [La misión de Bono], *Time Magazine*, 23 de febrero de 2002.

2. «Bono, After Years of Skepticism, Finds Partner in Religion» [Bono, tras años de escepticismo, halla socio en la religión], Religion News Service, 3 de febrero de 2006.

3. «Bono's Mission», *Time Magazine*, 23 de febrero de 2002.

4. «The Rolling Stone Interview» [La entrevista de Rolling Stone], *Rolling Stone Magazine*, 1 de diciembre de 2005.

5. Entrevista con Bono, Larry King, «Larry King Weekend» [El fin de semana de Larry King], CNN, 1 de diciembre de 2002.

6. Ibid., 124

7. Maddy Fry, www.atu2.com

8. Entrevista con Bono, Larry King, «Larry King Weekend» [El fin de semana de Larry King], CNN, 1 de diciembre de 2002.

9. Assayas, *Bono in Conversation with Michka Assayas* [Bono en conversación con Michka Assayas], p.14.

10. «The Rolling Stone Interview» [La entrevista de Rolling Stone], *Rolling Stone Magazine*, 1 de diciembre de 2005.

11. Assayas, *Bono in Conversation with Michka Assayas* [Bono en conversación con Michka Assayas], p.18.

12. Maddy Fry, www.atu2.com

13. Assayas, *Bono in Conversation with Michka Assayas* [Bono en conversación con Michka Assayas], p.13.

14. Entrevista con Bono, Larry King, «Larry King Weekend» [El fin de semana de Larry King], CNN, 1 de diciembre de 2002.

15. «The Rolling Stone Interview» [La entrevista de Rolling Stone], *Rolling Stone Magazine*, 1 de diciembre de 2005.

16. Assayas, *Bono in Conversation with Michka Assayas* [Bono en conversación con Michka Assayas], pp. 22-23.

17. Ibid., p. 271.

18. «The Rolling Stone Interview» [La entrevista de Rolling Stone],

Rolling Stone Magazine, 1 de diciembre de 2005.

19. Ibid.

20. Ibid.

21. Assayas, *Bono in Conversation with Michka Assayas* [Bono en conversación con Michka Assayas], p. 56.

22. «The Rolling Stone Interview» [La entrevista de Rolling Stone], *Rolling Stone Magazine*, 1 de diciembre de 2005.

23. Ibid.

24. Ibid.

25. Assayas, *Bono in Conversation with Michka Assayas* [Bono en conversación con Michka Assayas], pp. 55-56.

26. Ibid., p. 13.

27. Ibid., p. 57.

28. Ibid.

29. Ibid., p. 132.

30. Ibid.

31. «The Rolling Stone Interview: Bono» [La entrevista de Rolling Stone: Bono], *Rolling Stone Magazine*, 30 de octubre de 2007.

32. Assayas, *Bono in Conversation with Michka Assayas* [Bono en conversación con Michka Assayas], pp. 69-70.

33. Entrevista con Bono, Larry King, «Larry King Weekend» [El fin de semana de Larry King], CNN, 1 de diciembre de 2002.

34. Ibid.

35. Assayas, *Bono in Conversation with Michka Assayas* [Bono en conversación con Michka Assayas], p. 131.

36. Entrevista con Bono, 20 de agosto de 1983, hallada en www.youtube.com

37. «The Rolling Stone Interview» [La entrevista de Rolling Stone], *Rolling Stone Magazine*, 1 de diciembre de 2005.

38. «Larry Speaks About U2 and His Own Life» [Larry habla acerca de U2 y de su propia vida], *The Independent*, 21 de junio de 2009, hallado en www.U2Star.com

39. «The Rolling Stone Interview» [La entrevista de Rolling Stone], *Rolling Stone Magazine*, 1 de diciembre de 2005.

40. Assayas, *Bono in Conversation with Michka Assayas* [Bono en conversación con Michka Assayas], p. 162.

41. Ibid., p. 163.

42. Ibid., p. 162-163.

43. Ibid., p. 163.

44. Ibid.

45. Ibid., pp. 226-227.

46. Entrevista con Bono, «Heartland» [Tierra del corazón], FOX News, 26 de marzo de 2007.

47. Assayas, *Bono in Conversation with Michka Assayas* [Bono en conversación con Michka Assayas], p. 183.

48. Ibid., p. 186.

49. Ibid.

50. «U2 Lyrics Returned After 23 Years» [Las letras de U2 regresan luego de 23 años], BBC News, 22 de octubre de 2004.

51. Assayas, *Bono in Conversation with Michka Assayas* [Bono en conversación con Michka Assayas], p. 178.

52. Entrevista con Bono, 20 de agosto de 1983, hallada en www.youtube.com

53. Assayas, *Bono in Conversation with Michka Assayas* [Bono en conversación con Michka Assayas], p. 232.

54. Ibid., p. 233.

55. Ibid., p. 248.

56. Ibid., p. 247.

57. «Oprah Talks to Bono» [Oprah habla con Bono], *O Magazine*, 15 de abril de 2004.

58. Entrevista con Bono, «Heartland» [Tierra del corazón], FOX News, 26 de marzo de 2007.

59. Assayas, *Bono in Conversation with Michka Assayas* [Bono en conversación con Michka Assayas], pp. 201-202.

60. Ibid., pp. 210-211.

61. «Irish Band U2 Come to Tangi (Funeral)» [La banda irlandesa U2 viene a Tangi (un funeral)], NZ Rock'n'Roll History, octubre/noviembre de 1986, 5 de febrero de 2009.

62. Assayas, *Bono in Conversation with Michka Assayas* [Bono en conversación con Michka Assayas], p. 169.

63. Ibid., p. 148.

64. Ibid.

65. Entrevista con U2, Cat Deely, U2 Uncovered ITV2 2005, hallada en www.youtube.com

66. Assayas, *Bono in Conversation with Michka Assayas* [Bono en conversación con Michka Assayas], p. 11.

67. «Bono Honors Dad at London Gig» [Bono honra a su papá en su actuación en Londres], ABC News, 22 de agosto de 2001.

68. Entrevista con Bono, Larry King, «Larry King Weekend» [El fin de semana de Larry King], CNN, 1 de diciembre de 2002.

69. Ibid.

70. «The Rolling Stone Interview: Bono» [La entrevista de Rolling Stone: Bono], *Rolling Stone Magazine*, 30 de octubre de 2007.

71. Ibid.

72. Assayas, *Bono in Conversation with Michka Assayas* [Bono en conversación con Michka Assayas], p. 104.

73. «Bono's Mission» [La misión de Bono], *Time Magazine*, 23 de febrero de 2002.

74. Entrevista con Bono, Ed Bradley, *60 Minutes*, 2005.

75. Ibid.

76. Assayas, *Bono in Conversation with Michka Assayas* [Bono en conversación con Michka Assayas], pp. 137-138.

77. «Bono, After Years of Skepticism, Finds Partner in Religion» [Bono, tras años de escepticismo, halla socio en la religión], Religion News Service, 3 de febrero de 2006.

78. Entrevista con Bono, Ed Bradley, *60 Minutes*, 2005.

79. Entrevista con Bono, Oprah Winfrey, *The Oprah Winfrey Show* [El show the Oprah Winfrey], 20 de septiembre de 2002.

80. «Bono Seeing "Red" Over AIDS», www.CBS.com

81. Assayas, *Bono in Conversation with Michka Assayas* [Bono en conversación con Michka Assayas], p. 105.

82. Ibid., p. 165.

83. Entrevista con Greg Kot, *Chicago Tribune*, 13 de mayo de 2005.

84. Ibid.

85. Ibid.

86. Entrevista con Bono, Ed Bradley, *60 Minutes*, 2005.

87. «Bono, U2 Adapt to Changing Times» [Bono: U2 se adapta a los tiempos cambiantes], www.CBS.com, 23 de octubre de 2009.

88. «"Horizon" Evolves with U2's Audacy, Creativity, Innovation» ["Horizon" evoluciona con la audacia, creatividad e innovación de U2], *USA Today*, 1 de marzo de 2009.

89. «The Rolling Stone Interview: Bono» [La entrevista de Rolling Stone: Bono], *Rolling Stone Magazine*, 30 de octubre de 2007.

90. «The Constant Charmer» [El constante encantador], *Time Magazine*, 19 de diciembre de 2005.

91. «Who Let the Peacenik In?» [¿Quién dejó entrar al activista?], discurso de Bono en el Atlantic Council, 29 de abril de 2010.

92. Entrevista con Bono, entrevista de Fez parte 3, vista en www.youtube.com

93. «The Constant Charmer» [El constante encantador], *Time Magazine*, 19 de diciembre de 2005.

94. «The Rolling Stone Interview: Bono» [La entrevista de Rolling Stone: Bono], *Rolling Stone Magazine*, 30 de octubre de 2007. Quam et et, natus con reiunt alis ut landis derions ectiatur? Ximpor autecul parchil ipiet volecabore doluptatium aut perum qui ute lab is ipitaer oreium, ut eum eum aliqui omnihictota dolorem quiassed eos dolorporunt pa

Nos agradaría recibir noticias suyas.
Por favor, envíe sus comentarios sobre este libro
a la dirección que aparece a continuación.
Muchas gracias.

Editorial Vida®
.com

Vida@zondervan.com
www.editorialvida.com